我们能够冒的
最大风险，
就是按自己的理想
去生活♡

@抱柱子

先爱自己，
后恋爱

通往真爱的实战笔记

抱柱子

著

江苏凤凰文艺出版社
JIANGSU PHOENIX LITERATURE AND
ART PUBLISHING

图书在版编目（CIP）数据

先爱自己，后恋爱 : 通往真爱的实战笔记 / 抱柱子著. -- 南京 : 江苏凤凰文艺出版社, 2025. 3. -- ISBN 978-7-5594-9348-4

Ⅰ. C913.1-49

中国国家版本馆CIP数据核字第2025H40W05号

先爱自己，后恋爱：通往真爱的实战笔记

抱柱子 著

出 版 人	张在健
责任编辑	万馥蕾
装帧设计	马海云
责任印制	杨 丹
出版发行	江苏凤凰文艺出版社
	南京市中央路165号，邮编：210009
网　　址	http://www.jswenyi.com
印　　刷	苏州市越洋印刷有限公司
开　　本	880 毫米 × 1230 毫米 1/32
印　　张	8.75
字　　数	170 千字
版　　次	2025 年 3 月第 1 版
印　　次	2025 年 3 月第 1 次印刷
书　　号	ISBN 978-7-5594-9348-4
定　　价	58.00 元

江苏凤凰文艺版图书凡印刷、装订错误，可向出版社调换，联系电话 025 - 83280257

目 录

自述　我的 AB 面人生　　　　　　　　　　　1

♥ 上篇　我很爱自己，也邀请你加入

第一章　躲开选择题，扩大"择偶漏斗"
脱单中的"直线思维"VS"漏斗思维"　　　25
"圈子小＋没经验"会导致哪些问题？　　　30
积累"异性样本"的主要途径　　　　　　　33
正确使用社交软件，扩大交友圈　　　　　　37
扩大择偶漏斗的有效方法　　　　　　　　　40

第二章　筛选识人，确定伴侣画像
不会识别和筛选容易陷入的几个误区　　　　49
请把"臭鸡蛋"扔掉，留下好男人　　　　　　53
梳理 5 种软实力：合适意味着一切　　　　　62
摆脱限制性思维，打破脱单困境　　　　　　71

认识你自己，然后再去筛选 75
约会日记，让伴侣画像越来越清晰 78

第三章　知己知彼，找到理想伴侣
"我随时可以谈恋爱，但不一定和你谈恋爱" 87
正向看待自己，明确脱单优势 92
用好5种软实力，形成自己的脱单策略 95
寻找适合你的关系：主动的人先享受人生 111

下篇　3个月通往真爱的实战笔记

第四章　破冰期：如何开启一段甜蜜旅程
破冰期常见的问题 131
破冰期就是两个"驴友"相约去旅行 135
破冰期聊天：筛选能与你同行的人 136

第五章　连接期：如何让男生狠狠记住你
约会中如何展示自己？ 142
关于对方，你最需要了解的信息 149
判断情感连接在加深的几个积极信号 153
约会之后可能遇到的状况与应对策略 158

第六章 升温期：建立信任的关键期

  享受暧昧：愉悦与尴尬并存   169
  建立依恋关系的几个步骤   177
  暧昧期如何确认他是对的人？   193
  超心动，怎么让暧昧向恋爱过渡？   199

第七章 表白期：确认对方并引导告白

  进入表白期的一些信号   202
  表白之前，先调整心态   209
  迎接表白：由谁主动   212
  不是所有的表白都值得接受   218

第八章 相处期：如何经营亲密关系

  任何一段关系都需要经营   222
  表达与倾听：建立健康亲密关系的能力   228
  幸福的关系是"求同存异"   239
  做对这三件事，在交往中增进感情   246
  评估关系适配度，为好的婚姻做准备   250

最后的话：脱单的效率在于抓大放小   266

附录：阿瑟·亚伦"让陌生人一见钟情的 36 个问题"   268

自述

我的 AB 面人生

2021 年，我开始在互联网更新自己的约会记录，这些短视频突然爆火，娘家人看着我约会，看着我恋爱，快速涨粉 30 万。

2022 年，我因为一次采访登上了网易年终人物，登录微博热搜。

是的，我约会了 100 人，而且公之于众，连我 20 年前的小学同学都来"认亲"。更可耻的是，跟我约会过的男嘉宾拿着热搜来问我，"是你吗"，我微笑。

是的，我还因此做上了一个很奇怪的工作，教女孩子们如何"脱单"。

是的，我现在是 8000 名学员的脱单教练。基本每天都有人会来给我报喜。每天都会有人告诉我原来 30+ 的爱情可以不忍耐，原来 30+、40+ 的爱情感觉跟 18 岁没差，这是我每一天都在不断被冲击的（没错，我的工作可能是全世界最甜蜜的工作）。

我曾经和一线城市的打工女孩们，没有任何的不同。

大学恋爱，"大厂"打工，赚得不错，睡得很少；男朋友也是别人嘴里的好男朋友：赚得不少，对我挺好。

虽然晚上会感觉人生好像有问题，但白天一睁眼，我又开始早餐、地铁、开会、打工、绩效、加班，晚上回家继续内耗，早上睁眼继续……

周而复始。

直到有一天，男朋友向我坦白，他爱上了别人，并且火速搬家。没等到的是那些"我以为"，"我以为我们感情很稳定""我以为我们会在这个房子里结婚""我以为我30岁的人生已经很确定了"。

突然间，30+的我从一个长跑恋爱的女生，变成了单身。慌张。

怎么办，我打算35岁生孩子的，这意味着我34岁应该结婚了，意味着我33岁至少开始备婚了，意味着我32岁就要找到结婚对象了，意味着31岁我就应该已经恋爱了。也就是说，我现在就应该是恋爱状态了！

怎么找对象，去哪儿找对象，我上次谈对象还是在大学，当代人类是怎么搞对象的，我不会啊！

我工作10年，我身在大厂，我们公司有几层楼的格子衬衫男生，但是我却不认识单身男性！

我身边的姐妹也很不给力，她们分两种，一种生下来就是单身，一种生下来就是已婚，这两种人也都没有单身美男子资源。

没时间伤心沉沦，我得着手安排新生活了。分手两周后，不忍看我暴瘦10斤，姐妹把她压箱底的社交软件给我。

Passion！

没错，上天一定是厚待我的。使用社交软件的第三天，我就见到了我的第一个男嘉宾——金融男。

他把约会安排在一个美术馆旁边，是个餐吧，有格调，有小酒。

第一次见真人，这哥们儿穿西装，嗓音低沉，北京口音，同时有很明显的健身痕迹，有型有款。啊！！！我在心里尖叫，原来这个世界有我不知道的运行方式。

2022年，在这个特殊的年份，我一年聊天1200人，约会了100人。在这个过程中，我见过"藤校"毕业的同学，见过科学家，见过企业高管，见过创业者，见过艺术家……之前从来没接触过这么多不同类型的男生，他们就像来自不同的平行世界。在脱单的过程中，第一次，我真正感受到人生是可以自己选择的。我可以决定人生要过成什么样子，我要跟谁度过这一生。**脱单绝不仅仅是找到一个男人，而是重新思考到底你想过什么样的人生，是建构健康的关系模式，构建你向往的生活。**如果脱单只是为了找到一个男人就太简单，也太低级了。

原来，我的人生才刚刚开始。

之前我始终在追求的是世俗意义上好的生活。别人说该买房我就买，别人说大厂好我就去卷，别人说30岁应该结婚生子，我就往这个节奏上去赶……最终我确实得到了这些"别人嘴里的好东西"。但是，我从来没思考过这些是不是我真正想要的。

在我和前任恋爱了 8 年的时候，身边有很多人在催婚，所以我们也进入谈婚论嫁的阶段。其实不是因为我想结婚，而是因为我们恋爱 8 年，我没理由不结婚；因为男生很好，感情很稳定，我们适合结婚；因为我 30 多岁，生孩子已经算高龄了所以得赶紧结婚……当时我一想到要结婚，脑海中就会浮现一句话，它非常明确地反复出现——"我的人生就只能这样了吗？"只是要跟一个感情很好的人共度余生，其实我们已经一起度过了 8 年的人生，但一想到要结婚这件事，我依然觉得人生就这样了。一想到人生就只能这样了，眼泪就忍不住掉下来。但因为我没有别的选择，所以就只能硬是往前走。

如果你正在纠结、犹豫，我不想孤独终老，但是要不要恋爱，好难、好麻烦呀！在这个大家都不太敢表达自己感情的时代，我要对所有女孩大声疾呼，希望你们都去约会 100 次！

约会这件事真的太好玩了，相信我，我是全世界最懒最嫌麻烦的双子座，不可能靠"坚持"完成任何事情。

后来，我的短视频后台，每天有无数女孩私信我，问我到底怎么脱单，我把我的实战经验和能力分享出来。

没想到，真的有很多女孩开始脱个好单，享受约会。

很庆幸，经过"重生"的我现在过上了 B 面人生。身边这个男生，是我非常确定我想要跟他继续往下走的。从大厂主管到脱单教练，也是特别让我享受的。我找到了满意的亲密关系，过上了满意的生活，我的生活和我的亲密关系都是我的选择。

这件事情对我来说是最重要的事情。所以，我说约会、脱单、恋爱的这两年，我人生当中第一次感觉自己活开了。我说我活开了，并不是因为我脱单了，而是因为这两年是我重新找到自己的过程。脱单改变了我的人生，改变了我的伴侣、工作和生活。

世界在教我们技术，技术听起来能让你立刻获得结果，但实际上谈恋爱这件事更多要靠走心，两个人工智能并不会产生爱情。信我，认识我就是你单身的最后一年，你要试试脱单这条路，这是一段很爽的人生体验。

各位女孩，脱单不是为了找一个男朋友，是让我们知道在亲密关系这件事上，我到底想要的是什么。

是结婚，是和什么样的人结婚；还是不结婚，我就想甜甜地恋爱。这些都可以。

只要你确定，你自然会对结果笃定，没有遗憾。

希望姑娘们建立这样的脱单观——你不是去找到一个人，你是在建立爱的能力；你不是去找一个人，你是去构建一段健康的关系和你向往的生活；你不是去把自己演成另一个人，把自己改变成一个不是你的人；你是去找到你的优势，去展现你的长板和闪光点，去打造独属于你的吸引力。这才是最重要的事。

这本书，是我这 3 年的全部心血，因为我希望 3 年前那个焦虑版的我能读到它。这是一本超好用的工具书，也是一本能让你享受恋爱的书。它将会是你的阿拉丁神灯，带领你走出所有脱单过程当中无助的时刻。

哪怕我们 30 岁，也是寻找人生伴侣最好的年纪，是健康、美丽、智慧、财富、自我认知的综合最高峰值。请你跟我一起默念这句话：我值得开始享受最好的人生。

♥ 上篇 ♥

我很爱自己，也邀请你加入

30多岁去脱单，那感觉就像站在起跑线上，发令枪一响才发现自己鞋带还没系好。

20岁的时候，我们可以以浪漫之名去尽情犯错，去探索。爱情是什么？爱情就是戏剧人生表演服，没有深夜为爱情痛哭过不足以谈人生。

我们的工作生活进入平稳期，精力更加宝贵，真的没时间为不适合的人流泪，我们需要高效找到互相支持的伴侣。

想要弯道超车的姑娘来找我的时候大多带着A、B选项，要来不及了，现在A对我很好，B条件好，我该选谁？甚至很多时候，A、B可能都还没有开展追求，就已经成为姑娘们的备选项。年龄仿佛就是利箭，箭在弦上不得不发。

各种连恋爱的甜蜜都没有享受过的姑娘们，直接要面临的是结婚、生娃这样的难题。

然后一转眼自己就成了相亲市场当中的"烂白菜"，任凭谁都可以挑三拣四。我努力了那么多年，卷学业、卷工作，刚刚开始寻求人生幸福，出场就已经被人嫌弃。与此同时，家里的催促，同事的调侃，通通都披着"我是为你好"的外衣，让人不好发作。

越是这个时候，越容易乱中出错。

有的姑娘跟某个男生纠缠很久，爱的时候热烈，结束的时候像被扒掉一层皮，想到要重新找对象就心生恐惧。

有的姑娘谈了几年发现男生根本不提结婚，但是自己年纪已大，想去骑驴找马，怎么看还不如现在这头驴。

有的姑娘结了婚，发现男人跟自己想的不一样，觉得为时已晚，只能寄希望于"生了娃就好了"这种鬼话，一步步把自己套牢。

这都是因为我们压根没谈过恋爱，看不清自己，不知道自己想要什么，更谈不到识人、筛选，这时候就要学别人结婚，这简直是刚上幼儿园就要参加高考的难度。还有很多人，原生家庭有很大问题，爸爸妈妈本身在忍耐婚姻，却希望下一代随便找个人就能幸福。爸妈也不会帮你筛选，你也没见过幸福的亲密关系模式，却都觉得跟这个人肯定能幸福。这结果就像买彩票一样，把结婚当成撞大运。

脱单跟开车一样，不是生来就会的。现在当妈妈都需要培训了，挑选人生伴侣自然也需要学习。前30年没学到的，现在需要马上补课。千万不要因为焦虑而忘记去做正确的事情，只有加快执行才能以效率战胜时间，超越其他迷茫中的竞争者。

我们的竞争方向自然不是去跟20岁的妹妹比水嫩，跟"海后"去比谁是妖精、谁更会推拉。肤浅！这些都不是找到人生伴侣的正道。

在自我认知明确的前提下，你才会逐渐明确知道未来我需要怎样的人，需要怎样的生活。

当你拿起这本书，就意味着你的认知已经先人一步。主动的人先提升效率，主动的人先享受这个世界！

"当我们说效率的时候，我们在说什么"

一则新闻里有个让我很心疼的姑娘：北京教师，从26岁开始征战相亲市场6年，一年相亲100人。她很卷，但是最后却没有成功。这其实是因为她以为只要相亲基数足够大，就一定会脱单。

要说要求，她要求也不高，男生身高在167cm以上，相貌端正即可。至于房车，也没有硬性标准，有更好，没有也无所谓。年龄她喜欢长自己几岁的成熟男生，见的人半数以上都是理工男。她自身条件被记者形容为符合相亲市场的"好嫁风"：北京户口＋教师编制＋长相端庄，听起来也不错，对吧。

看似努力的背后，结果却是，她发现不会心动了。为什么发生这样的情况？因为她执行力虽然很强，但方向跑偏。属于典型的用战术上的勤奋掩盖战略的懒惰，具体如下：

● 她不筛选，用"心动"判断。心动的标准，就是没有标准。说实话，能让我们普通女生一顿饭就心动的男生，大概率也不会是人生伴侣的选项。

● 她从来都不知道自己想要什么样的人,所以即使标准再低,进来的人再多,也无法判断对方是不是自己要找的人。

● 在约会的过程中,她跑出了一套自己所谓的标准化流程,是把自己变成了脱单 HR(人力资源),其实让自己更加没办法用心去感受相处的过程。

从 26 岁到 32 岁,年均相亲超过 100 次。每一次的努力,反而让自己离恋爱更远了一些。

对于脱单,我不建议姑娘们只有努力。女孩是特别容易给自己的情绪"加码"的,哪怕 100 个男人是因为我不喜欢,我淘汰他们,女孩也会思考"那是不是我有问题"。这些负反馈就会导致我们的心力越来越差。怎么总是碰不到,怎么条件放低之后还是碰不到?后面遇到的人条件怎么越来越差?这些都是错误的路径导致的负反馈循环。

所以,脱单更需要精准路径。

脱单最核心的只有三件事:**积累异性样本、找到伴侣画像、拥有筛选能力。**

正确的策略帮你开启快乐的恋爱,只要做好这三件事,你个人也没有致命短板,再加上战术上勤奋,就算是母胎单身也能高效脱个好单。

"当你爱上脱单这件事本身，才可能爱上对面的男人"

在开始脱单三件事之前，希望大家首先明白，脱单不是解决"男人"的问题，是解决我们自己的问题。如果你清晰地知道自己的亲密关系需求，能够满足自己这个需求，就可以高效脱单。

现在情感博主特别多，大家碰到问题立刻去搜，十大话术、五大推进关系的方法等。脱单是能力而不是技巧，如果技巧有用，天下就没有亲密关系的难题了。所以我最不推荐女孩学技巧，越学技巧越难受，因为那不是你，所以吸引来的都是错的人。

大家可以思考一下，你身边的单身姑娘是怎么结婚的。

第一种情形：本来觉得自己年纪还小，2字头还能顶住，30岁稀里糊涂自己焦虑爆炸，就嫁了。大部分来找我的离异姑娘是这种情况。

第二种情形：能撑住年龄焦虑，家里也配合介绍新男生，虽然接触下来没啥感觉，但姑娘每次都跟男生硬着头皮见，一个男生处2—3个月，每次要么是男生不冷不热地走了，要么是男生一表白就觉得完了、真的不合适、不能在一起。按这种步骤，对每个合适不合适的男生都抱有很大的期望，但是每到结束要重新开始都要鼓足勇气，一年最多接触3—5个男生就累死了。终于某一天觉得累死了不想再相亲，下一个甭管是谁都要嫁，最终出现一个条件合适，女生觉得未来可能碰不到比他更好的，咔就嫁了。

第三种情形:家里开明,成不成的都让姑娘多接触一下,女生条件也好,那当然要挑一个有诚意的。谁对我好,谁追我追得最勤,谁最爱跟我聊天,谁最有诚意,咔就嫁了。

这是不是姑娘们最常见的几种结婚情形?

在这里,**结婚本身＞我寻找幸福**。

也是这最常见的 3 种情形暴露了脱单的 3 个问题。最容易出现的结果就是,丈夫跟我想的不一样。为啥不一样?

第一种情形里,姑娘根本没有认识男生、跟男生相处的过程,也就是没有基本的异性样本就冲动结婚,把自己放进"我觉得自己没得选"中,画地为牢。

第二种情形里,进步一点,对男生有初步筛选,但是只看了对方的硬条件,缺乏对人的了解。婚姻的起源就是搭伙儿,根本不知道自己真正的需求,也就是没有自己的伴侣画像就已经进入婚姻。如果男生人品好还可以坚持,人品不好感情基础又薄,婚姻里的计较最薄凉,这也是很多婚姻无法长久的原因。

第三种情形里,是很多女生看似聪明的选择,结婚的原因就是:男生对我好。以一时的感动作为结婚的前提,男生只要对我好我就可以跟他结婚吗?这是典型的没有筛选能力。

躲开选择题,扩大"择偶漏斗"

那为什么一定要有"异性样本"?

第一,当你没有异性样本,你就只能靠想象识人。你会想"这个男生"他如果长得很像××,他就太棒了;"这个男生"如果对我很体贴,他就太棒了;如果他像我那个闺蜜的男朋友一样,每天早上给我买两个包子,他就太棒了。当你没有异性样本的时候,你关于异性的一切都是靠想象在执行,那不是真实的他,你没有把他当成人类来看,你在用想象识人。

第二,当异性样本不足时,社交技能没有被锻炼过,和异性相处很容易陷入"我是谁,我在哪,怎么办"的处境。在积累异性样本的过程中,你会越来越清晰跟异性聊天、约会、交往是什么样子,自己是什么感觉,也就是逐渐找到脱单恋爱的手感。在有手感之后,你会知道大概什么尺度比较恰当,怎么相处比较舒服。在这过程中,你就会自然把所有想象摒弃掉,做自己的同时,也看到真实的对方。

第三,没见过某些类型的人,就会对他们有理想化的想象。当异性样本过少,你就会陷入被选择的境地。很多人来找我说被两个人喜欢,但是这两个人都有很大问题,不知道怎么选。这种异性样本很少的情况,你没得选,只能矮子里拔将军,这不叫筛选,这叫被动去选择。只有异性样本足够,你才能谈得上后面的筛选。

需要注意的是并不是只要是个异性,他就是异性样本。这个"异性"他至少是跟你有共同的目标,他至少想要脱单,想要谈恋爱,他至少想要和你发展。

所以异性样本是非常重要的,会破除你的想象,会帮你找到手感，会为你的筛选打下基础。当有了这个异性样本大数据之后，我的学员通常可以通过 12 个人找到他的伴侣画像。而当你知道伴侣画像之后，依然需要通过异性样本去找到那个最符合你需求的人生伴侣。

筛选识人，确定伴侣画像

当你获得足够的异性样本之后，就来到了"筛选识人"环节。通过识人和筛选，你就能在异性样本的"大数据"面前，总结出伴侣画像，并识别出符合伴侣画像的人。

高效脱单的两大要义，一是高效，一是优质。

那么，优质脱单的根本是什么？优质脱单的根本就是**筛选**。

好的感情不是调教出来的，也不是管理出来的，太多的姑娘希望男生改变成自己想要的样子，实际上就是不接受他现在的样子。既然如此，为什么不直接选择满足你标准的男生呢？获得优质伴侣的核心就是筛选能力。"优质"不是指条件的好坏，而是指是否适合你，是否让你感受到幸福。所以可以讲，筛选能力就决定了你未来亲密关系的质量。

筛选能力欠缺会发生什么？最简单、最典型的就是总是碰到"另有所图男"，总是碰到"短择男"；或者，总是被男的拖着不表白不结婚。遇到过一个学员，被男生拖着三年没有表白，没有结婚。大家可以换位想一想，对 30+ 的姑娘而言，3 年意味着什么。一个人的时间是有限的，你的关键选择就会成就你的人生质量，这就是筛选的力量。你跟一个不对的男生在一起，就直接挤占了对的人会出现在你身边的时间。

如何筛选并判断对方是不是自己的理想伴侣？通常我会通过5种脱单软实力来帮学员匹配双方的需求，帮他找到理想伴侣的特质。5种脱单软实力，是我们独家研发的"脱单利器"，结合了我自己的经验、8000名学员的案例和咨询，帮助大家提升认知，最全面地去评估你在脱单市场的实力，让你知道自己是什么样的人，再帮你找到真正的伴侣画像。

很多同学不知道确定的亲密关系是什么样子。透露一个我的脱单学员大数据，帮助大家找到感觉。

- 好伴侣不会吊着你，他不会让你持续去猜他喜不喜欢你。
- 好伴侣跟你在一起的时候，你会非常安心。即便他没有约你，也不会让你感到焦虑。
- 好伴侣不会让你在相处中产生猜忌，因为你从来不怀疑你们的感情走向。
- 好伴侣不会因为小事而和你纠缠，他总是会让你感到安心和清晰。

具体的筛选思路，我们将在实战中告诉大家。上篇我们把脱单精准路径的框架理清楚。大家心中有这个关键轮廓，才能在实战中不迷茫。

知己知彼，找到理想伴侣

很多人都会遇到这样一个问题：不知道什么是脱单市场的"我是谁"。相亲当中特别容易陷入一个陷阱问题——自我介绍。"我叫什么，我是什么星座，我父母是什么样，我家境是什么样，工作是什么样，我学历是什么样。"当你背完这个所谓的自我介绍之后，对面的人可能还是记不住你，因为有太多差不多的人。

大家介绍自己的时候要考虑你的"竞争者"，我们去竞争的是所有人都喜欢的优质男性或优质女性。所以当你面对竞争者的时候，要讲**非对称优势**。非对称优势，也就是你能区别于他人的优势。如何找到它，还是通过五种脱单软实力。

当知道自己的软实力排序，那你就需要在约会资料、朋友圈、聊天、第一次约会、长期推进和关系当中去把你的这些优势完整展示出来，持续去发散魅力，建立长期关系。但很多人不关注自己的优势，喜欢塑造理想中的自己——明明小心眼儿，硬要装大度；自己明明条件差，硬要去相亲比条件，这些都会导致短板打人，用短板打人就会无限被筛选。并且，硬去伪装自己不是的人，会导致关系永远草草收场，因为你无法长期去吸引一个真实的人。

当你知道你是谁，你的最大优势是什么，你可以如何展示自己的时候，就可以自由地去约会了。只有把关键问题理顺了，你才能放松享受脱单这件事；当你爱上脱单这件事本身，才有可能最终爱上对面的男人。否则，从你脱单那一刻开始，人生就会开启忍耐模式。

只有当大家开始做正确的事，才会进入"就是玩儿"的状态，才会去享受约会的每一步，才能越来越清晰自己的感受。脱单的效率不是指一个月就要结婚，而是指你拥有准确清晰的选择能力，离对的人越来越近，离错的人越来越远。在亲密关系这件事上，你要在越来越清晰的路上。你可以不结婚，你可以单身，但是如果你想结婚，那么你"适合什么样的生活，需要什么样的人生伴侣"要越来越明确。

哪些行为和认知影响了脱单的效率

很多同学在自己摸索脱单，但是越急越错，越错越丧气，这过程中浪费了时间是小事，更重要的是焦虑、自卑，耗费大量心力，直到最后放弃。那么，常见的低效行为和认知，你中了几项？

纠结劣势：

很多人觉得自己30多岁了不值得被爱，也不会遇到真爱了，反复纠结劣势，陷入自卑陷阱。"你不结婚就是垃圾""大龄剩女还挑什么""你太挑剔了"，这些恐吓是一种限制性观念。你仅仅是单身，不代表你人生失败。如果你常常觉得"就是因为我又丑又胖又老所以没人要"，那么这种限制性的观念，就会变成你自我实现的预言，你的人生剧本就会一直重复这种模式，不自觉地主动走向失败。这种人生剧本很难摆脱。

顺其自然：

"我不强求，如果有缘分的话，我会遇到的。"许多姑娘总以为自己能转角遇到爱，参加活动希望恰好能遇到一见钟情，约会等着被真命天子选中。但成年人要制造爱情，主动选择，主动行动。通过正确的执行给自己建立正反馈。为什么最后会脱单成功？因为你已经在脱单的过程中小成功了无数次，持续小赢成大胜。脱单不带智慧，完全顺其自然，那是大学生的恋爱模式。

少女恋爱观：

虽然已经是成年人，却还在用 16 岁的方法找对象。姑娘找男生还是看"会打篮球、身上有香皂味、穿白衬衫"，这些方法显然已经不适用了。造成这个结果的通常是工作、学习限制，没有接触亲密关系教育等原因。没有接触真实的亲密关系，也不知道如何升级恋爱观。

专注社会性：

过分关注男生的家庭条件和收入，忽略了是否真正合适，表现为经常比较"这个男生家里有几套房，那个男生收入几百万"。这类姑娘在被外界标准迷惑的同时，自己也会被工具化，为了迎合别人的需求忽略自己的需求，比如变成"好嫁风"。

热衷选择题：

表现为总在 A 男生和 B 男生间纠结，限制自己的选择范围。"A、B 男生都喜欢我，A 男生家里条件比较好，B 男生是身高 185cm 的帅哥，我该怎么选？"这类同学喜欢在已经选择自己的人里面做筛选，以为自己在选择，其实还是在被选择。明明人生是旷野，为什么偏偏要走那条轨道呢？

内耗大于行动：

过度思考，内耗严重，但不实际行动。这类同学喜欢通过蛛丝马迹来脑补，比如有一个学员说认识了一个男生，每天中午打球，接触了 1 个月，思考半个月能不能发展。因为无意中看到男生的手机壳是个紫色小熊，推测他可能已经有喜欢的人，所以不敢行动。内耗浪费的时间，比拿到错误结果浪费的时间更长。

蹬腿模式：

重复错误方法，失败，再尝试，陷入无限负循环，快要"放弃治疗"。这类姑娘所有的战略都是错的，对自我的认识、对标准的设置、筛选的方法、约会的技能全都有问题。但她越着急越出错，不知道怎么做，脱单 1 年，疗伤 2 年，走出来又大了 2 岁，更加受挫。每次循环都感觉自己不行了，脱单的心一点点死去，慢慢不再相信自己可以拥有爱情和婚姻。很多时候这种情况最终会导致放弃，或者更可怕的凑合——把自己的底线降到无限低，跟一个自己完全看不上的人结婚，过上凑合的人生。这种放弃是很可惜的，因为最后其实不是我不能，而是我的认知限制了我，所以我只能如此。

自我设限：

设定过多标准，且需求浮动，难以筛选，形成自我设限。比如"距离太远不行""收入没有我2倍不行"。需求复杂难以满足，既要求男嘉宾面貌清秀，聊得来，又要求他收入可观，有上进心……而当他满足了标准1，还有标准2，标准3等着。这些层层标准最终导致很难选到合适的对象。此外，有些姑娘在标准苛刻的同时，还存在内心孤独、自卑的问题，表现为高情绪需求，比如"特别想要一个男生陪着我，想要晚上回家有个人给我一个爱的抱抱""常常想要男朋友的表白、赞美和鼓励"。如果同时满足标准严苛、内心孤独、内心自卑，这三者形成一个组合就是"吸渣王炸"。大家可以对照下自己和身边有没有这样的情况。

除了以上这些，在错误的渠道找男生，玩命"卷人头"等行为都会导致脱单效率低下。本质上这都是在吃认知的苦。如果上述的某个坑你也踩了，不要慌，从第一章开始，我们先试着打破原本的思考和行为模式，为找到理想爱情做准备。

第一章 躲开选择题，扩大"择偶漏斗"

案例

VIP 学员 A 女士向我求助，"老师，我找了很久，很努力，但发现这个人好像找不到"，然后发来了她的择偶要求。

基本信息：

- 年龄：35 岁
- 职业：医生
- 收入：15000 元 / 月
- 学历：硕士

择偶标准：

- 收入：20000 元 / 月以上
- 学历：硕士及以上
- 住房：有房或有购房能力
- 家庭：父母健康，有退休金，能帮忙带孩子
- 外貌：有眼缘、心动的感觉，言谈举止得体
- 身高：175cm 左右

- 性格：脾气好，喜欢孩子
- 经济条件：有存款，家境较好，愿意为家庭和孩子付出

A 女士向我解释这个要求的背景——

她 28 岁才毕业，情感经验相对较少，所以想找一个和自己水平相当的男生。她的月收入是 15000 元，所以希望男生收入比她高一点，2 万左右。她是硕士，希望男生至少也是硕士及以上学历。她想结婚，所以希望男生有房或有购房能力。她未来肯定要生孩子，所以希望男生的父母健康，有退休金，同时能帮她带孩子。

她还希望，这个心动男嘉宾要长在她的审美点上。她希望男嘉宾谈吐好一点，至少能聊得下去。男生身高要求 175cm 左右，因为她不希望孩子太矮。同时，她希望男生坚定地选择她。她现在没结婚是因为不想凑合，希望找一个真正喜欢的。

另外，目前她工作很忙很累，希望未来生孩子后可以选择停止工作。因此，她希望男生有存款，家境好一点，同时有付出意愿，愿意养育孩子。她不能接受"丧偶式"育儿，所以希望男生脾气好，愿意带孩子。

A 女士以这个标准苦苦寻觅了几年，大家觉得她的择偶标准正常吗？应该坚持这个标准吗？这个标准有什么问题呢？

脱单中的"直线思维"VS"漏斗思维"

和案例中的A女士一样,很多姑娘在脱单过程中都是这样。她们会问自己:"我是谁?我希望找一个什么样的人?我的需求是什么?"然后,列出一大堆条件按图索骥,这就是典型的"直线思维"。这种方式的问题在于,达到条件的男生数量很少,而一旦你找到一个符合条件的男生,这个男生就成为近乎唯一的选择,因为通过第一轮筛选本身就是一件极其困难的事情。

直线思维看起来清晰正确,实际不符合筛选逻辑,它是将正常的筛选过程从倒三角变成了正三角。正常的筛选过程应该是一个倒三角形,上面口大,下面口小,每一层都能筛选出一些人来。然而,当我们采用直线思维时,第一轮筛选就变成了最终筛选。

通过这一轮筛选的男生,虽然可能并不完全适合,但由于能通过筛选的已经很少,只能选择无限忍耐和包容这个人。即便后来发现这个男生性格偏执、各种不合适,也很难再去找一个条件更好的人,因为再找到一个同样能通过第一轮筛选的男生实在太困难。

后来我帮助A女士把"三角形"翻过来,以"漏斗思维"去筛选,让她通过观察和相处来逐步筛选和了解男嘉宾,每一层次的相处中,她都可以根据自己的感受不断调整和变化需求。3个月以内,A女士就脱单了。

漏斗思维的好处

漏斗思维避免了直线思维中"一选定终身"的僵化和低效。漏斗的每一层筛选都可以进行选择和调整，更为灵活和有效，能做到尊重自己的感受，不断修正自己的需求，最终找到最适合自己的那个人。

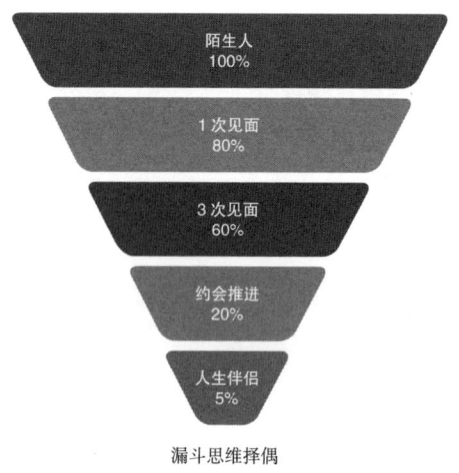

漏斗思维择偶

直线思维的姑娘们往往因为年纪和时间的压力，急于高效地找到伴侣，认为时间不能被浪费。然而，这种思维方式反而让自己陷入低效的泥潭，在不合适的人中反复挣扎。很多人希望通过设定严格的标准，找到一个"六边形战士"，即在各方面都符合要求的完美伴侣。然而，现实中，这样的"完美伴侣"几乎不会出现。

试想一下，如果一个男生来找你，他的要求是：本科以上学历，工作稳定；身材有曲线，性格开朗；身高160cm—170cm，未来孩子不能太矮；脾气好，不吵架，每天相处都很开心；会做饭，愿意生两个孩子，尊重他的妈妈；彩礼十万以下，情感经历单纯，并且能够坚定地选择他……这样的要求你能接受吗？有多少女生能够满足呢？即便是符合这些条件的女生，大概也未必愿意和他在一起吧？

跟大家分享我的经历，最开始找对象时，我设定了两个标准：首先是不找北京男生，因为我觉得北京男生太事儿了（大家都会有一些偏见吧，不要显得我太刻薄）；其次，我前男友是一个技术男，所以我再也不找技术男了。但人算不如天算，你们猜怎么着？最后我找的男朋友，我现在的老公，他就是一个北京人，同时还是一个技术男。成长最有趣的地方在于，你不走完崎岖的弯路，是不可能接受早就写在题面上的答案的。最开始如果有人告诉我说你最后的老公是"北京技术男"，我可能就直接放弃了。

所以，大家都回头检阅一下，你设定的所有标准是真正的标准吗？很多人会认为，列出一长串标准，找到一个全部满足的人最为高效。但实际上，限定得越多，反而可能越难找到真正适合的人。现实中，标准越严格，结果往往越不尽如人意。爱情都是充满变化和意外的，合适是感受出来的，不是思考出来的。

真正的高效不是设定严格标准，而是把"择偶漏斗"扩大，通过过程中的相处和感受来调整标准。就像我们从北京到深圳，很多人希望一瞬间就能到达，但实际情况是，我们的车灯只能照亮前面的三五十米。人生也像夜间行车，感受就像我们的车灯，我们要根据感受去校准驾驶方向，50米、50米地向前走。在寻找伴侣的过程中，不要急于排除那些不符合初始标准的人，而要通过相处来感受对方。通过这种方式，我们能更真实地了解自己的需求，并找到真正适合的人。

"直线思维"希望通过设定标准来精准锁定目标，但这只是缓解焦虑的假象，无法解决实际问题。在脱单过程中，焦虑是最没有用的。哪怕有人告诉你最终的答案，你也需要自己一步步走过去，感受并调整方向。因此，不用着急，生活会在过程中让你慢慢感受到你真正想要的东西。哪怕知道最终答案，也需要自己一步步去执行。

打开漏斗，不做选择题

脱单第一件事就是先把漏斗打开，让自己接触更多异性。所有单身的同学，你们是有机会做人生选择的，大家都有机会重新去打开这个漏斗。我们要做的第二件事就是积累异性样本，在每一层筛选过程中去感受自己到底要什么样的人。还记得吗？并不是只要是个异性，他就是异性样本。这个"异性"他至少是跟你有共同的目标。通过扩大漏斗，你才能增加异性样本，而异性样本足够，你才能确定伴侣画像。

每年"520"都是我最忙的时候，突然会有很多学员来找我：

"老师，我现在有两个男生放在我面前，已经到了确认关系的地步了，但我拿不准该选 A 还是选 B。A 男生对我很好，但他身高不高；B 男生能力还行，但家境不好。选 A 还是选 B？"我非常害怕大家在这种很尴尬的时候来找我说："老师，我必须得选一个了。"

对女生来说，这种选择题是最错误的逻辑，因为你一定是路径都做错了，到现在只能被动选 A 或选 B。你可能觉得如果不选 A 或 B，就会错过两个好人，之后再也碰不到这样的人，要么错过一个对自己很好的人，要么错过一个条件很好的人。这种心态是因为你前面的所有执行错误，把自己逼到这个墙角。

事实上，当你身边只有 2—3 个人的时候，谈不上选择，只是被选择。想象一下，身边随机抓三个男生，哪怕是你单位里的同事，你都会觉得这三个男生你看不上。这些人已经是社会上帮你筛选过的同一个层级的男生了，但你还是觉得这三个男生很难选。那从世界上找 2—3 个男生选一个做人生伴侣呢？

年纪越大，心态越要稳，执行越要对，这才是脱单的高效方案。这时候执行一错，心态又不稳，恶性循环，越急越乱，越乱越出错。如果你现在的人生面临"选 A 还是选 B"，只能说明两个人都不对。做不了选择，说明你对两个人都不满意。这个时候你需要严肃思考重新扩大异性样本的问题，而不是沉浸在"选 A 还是选 B"的问题中。

举一个典型的 W 女士的案例吧。W 女士来找我的时候，她同时在跟两个男生恋爱。遇到她我才意识到，有些人，是真的不知道该怎么选择，也不敢拒绝。两个男生各有各的好，也都各有缺点需要她接受。无论选哪个人，她都"没有确定感，好像没法对自己的人生负责"。

当 W 女士来咨询时，我帮她做了什么？第一件事就是帮她跳脱出来，两个男生全分手，重新扩大漏斗，增加异性样本。很多人以为漏斗扩到无限大就能找到合适的人，不是这样的，很多人在挑选过程中反而挑花了眼。所以第二步，在扩大异性样本的同时，我帮她梳理了真正的伴侣画像。结果在她确定了画像后，很快碰到了理想男嘉宾，既确定又喜欢。最后，她坚定地选择了这个人，目前他们已经是订婚状态。

"圈子小 + 没经验"会导致哪些问题？

单身朋友最常见的两种情况：一种是不知道该喜欢什么样的人；另一种是觉得每个人都不错。这两个问题本质上都是"没吃过猪肉也没见过猪跑"的问题。

如果你在与异性相处中有以下 3 种问题，建议你多见见人，扩大择偶漏斗，增加异性的样本数量。

1. 异性社交能力不足

你可能不知道如何开启对话，不知道怎么聊天，不知道如何表达自己的感受和需求，总是让交流显得生硬、不自然。很多人在脱单过程中,一旦遇到喜欢的人,就不知道该说什么、该做什么,表现得非常紧张和生涩。有些人即使之前是同事,能够正常交往,但一旦进入相亲关系,到了咖啡馆就变得僵硬。这通常不是能力问题,而是缺乏经验,因为异性社交技能没有被锻炼过。

2. 出现认知偏差,抓小放大

为什么会抓小放大?有些同学特别在乎男生没有说早安晚安,但对方借钱时,却觉得对方很可怜,"这么艰难的时刻,他第一个想到我",所以觉得应该守护他。这种抓小放大的行为会导致永远碰不到好男人,因为很多小事只有另有所图的男生才能满足,而普通男生会觉得麻烦,甚至想要跑路。

3. 理想化对方

你可能没见过某些类型的人,就会对他们有理想化的想象。比如,很多人没上班前觉得大厂、世界 500 强很牛,没见过哈佛的人就觉得他们聪明,没见过体制内的人就觉得他们干净稳妥。你总是给对方加上滤镜,进行理想化。

我有一个学员曾与一个体育老师交往。这个体育老师总是说工作很忙,不愿意见面,但总是约她去山上露营。她觉得这个体育老师工作体面,假期多,以后结婚在家的时间也多,肯定是好男人。但再想一想,哪个好男人刚认识你就带你去荒郊野岭过夜呢?

我们 30+ 只筛选不改变，而筛选的前提就是择偶漏斗大，异性样本量足。当你见过的异性类型不足的时候，你就是在差生里面筛选。一位 30+ 学员分享了她的择偶困境："我能选择的男生太少了。当下这个男生，我刚交往的时候也不是特别喜欢，男生是北京本地人，家里有几套房，工作一般般。我现在确实年龄大了，没什么可选的了，我觉得真的挺难找到比他更好的了。"这位学员自身条件非常优越，不仅毕业于清华大学，还在四大会计师事务所工作。然而，因为她只有很少的异性样本，她在择偶时也依然只能"矮子里面挑将军"。所以，如果我们想要改变从差生里选"老公"的境况，首先就要扩圈。

当我们通过反复的相处和磨炼，逐渐培养出一眼看穿对方需求与问题的能力，就能掌握选择权。类似于在工作中通过与客户的接触，逐渐熟悉他们的需求并做出相应的判断。异性样本丰富的人在脱单中更能快速准确地识别出潜在伴侣的优缺点，从而更自信地做出选择。

此外，很多人在脱单中常常陷入一种误区，即对少数几个对象产生过度依赖和稀缺感，也就是"上头"。因为遇到了少数几个条件还不错的对象，就觉得再也遇不到更好的人，生出紧迫感和焦虑感。这种心态导致我们在恋爱中变得被动，害怕错过"唯一的好男人"，而忽略了自己实际拥有的选择权。事实上，我们喜欢的并不是某一个具体的男人，而是某一类型的男人。这种类型可以是外貌、性格、价值观等方面的综合体。明白这一点非常重要，因为它帮助我们跳出对个体的执着，转向对类型的偏好。

为了避免这种"上头"，我们需要做的就是扩大漏斗，把自己喜欢的类型归入一个更大的池子，然后进行筛选。通过广泛的异性样本接触，我们能够更清晰地了解自己真正的需求和偏好，最终在众多选择中找到最适合自己的那一个。同时，大家要去看对方的全盘，不要只看闪光点，要同时看短板，理智全面地看待一个人，不要被滤镜遮蔽。我们的目标要从找到一个人变为找到一段治愈你的优质关系。

总之，你的漏斗过小，异性样本不足会导致脱单技能和识别能力的缺陷，它会让你的脱单之路困难重重。这对大部分没受过情感教育的人来说，都是很正常的现象。影响一生幸福感的事，往往到我们30多岁才靠自己悟，是一件很无奈的事。但没办法，补课就是要多见人，多复盘，多学习。只有通过不断积累异性样本，扩大筛选漏斗，积累更多经验，我们才能够更自信地掌握选择权，理性地筛选出适合自己的伴侣，从而在脱单的旅途中走得更稳、更远。

积累"异性样本"的主要途径

当你想要扩大漏斗，认识更多异性，尤其是30+的年纪，选择合适的渠道是关键。你通常用哪种方式？不同的渠道各有利弊，你知道它们的优缺点吗？

相亲角

相亲角包括父母介绍、亲戚介绍等，统称为相亲角来的男生。相亲角的男生通常会对你的社会性进行严格考察，比如身高、家境、年龄等，因为他们的需求可能是快速结婚、生子。如果你希望通过相亲角找到对象，它不太适合你展示长板，而且它会立刻让对方发现你的年纪大。

同时，这种方式的一个主要弊端是对方的意愿不可见，很多时候你会发现见面后没有结果，因为对方可能是被父母强迫来的。

所以，相亲角不推荐给 30+ 的女生，除非你想走那种快速结婚的路径，可以让父母带你去相亲角快速找到对象，可能三个月就走到订婚这一步。另外，相亲角适合那些社会性上没有短板的同学。

工作局

很多人觉得工作局是认识异性的好地方，因为工作上的人知根知底，看起来很绅士友善。但工作局往往会耽误你很长时间，可能纠缠一年半年却没有结果。因为在工作局中，我们很难分清对方是真心喜欢你还是因为工作关系在维持体面。

如果你真的想找对象，不太推荐在工作局中推进关系，除非你有强关系能力，不内耗，可以直截了当地推进，问对方是否单身，是否愿意推进关系。

熟人介绍

熟人介绍是很多人喜欢的模式，因为感觉知根知底。然而，熟人介绍的成功率其实很小。媒人往往会按照自己的喜好给你介绍，甚至在见面前介绍双方的最短板，比如对方学历不高或家境不好，这样见面前就知道了对方的短板，非常容易进入减分模式。这就是为什么熟人介绍成功率特别低，因为见面过程中会不停地给对方减分。熟人介绍适合那些社会性条件极好，且擅长维系熟人关系、能够规范熟人介绍模式的人。你可以告诉对方你是什么样的人，对方应该怎么介绍你。

红娘介绍

我们的学员中，很多同学都告诉我她们已经带着红娘在做了。但是，在实际推进过程中，真正体验好的红娘很少。因为红娘的工作是前端销售，她的工作成果通过销售KPI来完成。所以，红娘的目标和你的目标从一开始就不一致。而且，红娘的业务能力和资源也会影响你的脱单效果，这些因素都不取决于你。但是，如果你有经济实力并且觉得这种服务是必须的，那么红娘适合你。

线下活动

线下活动如羽毛球局、台球圈、周末爬山等，看起来很吸引人，但普通女生作为"炮灰"的可能性比较大。线下活动中，对方的真实意愿不可见，有多少人是单身、多少人想找对象都是未知的。而且，后续的联系往往集中在那些最漂亮、最有魅力的女生身上。

这类活动我最开始的时候也去过好多，但我发现不管多么主动，多么努力，哪怕现场我加了很多微信，最终男生的目标还是那一两个最有魅力的女生。其他像我这样的搞笑女即便加上微信后续也基本不会再联系，因为男生只会跟大美人进行下一步。

相亲活动

相亲活动如快速约会，看似能一次认识很多人，但实际效果往往不理想。相亲活动中，只有两种人能脱颖而出：一种是打圈儿的"社牛"，能够主动加微信、后续跟进；另一种是大美人或条件特别好的女生。其他女生基本上都是陪衬，很难有后续发展。

但是，相亲活动其实可以"卷"出来，怎么卷出来呢？去加所有人的微信，安排下次见面，这是相亲局的正确打开方式。如果不能跟他们进行下次见面，那这次活动就是白参加了。

社交软件

社交软件是当下最快速、高效的，并且最适合普通女生的。社交软件上能够接触到的，是你上面所有渠道来的人群乘以100倍发射到你面前。同时，社交软件非常适合不是社牛的人，对社恐、有一些小优势的姑娘来说尤其友好。在社交软件上可以完成初步的筛选，拿到的信息也非常全面，可以通过线上文字的方式立刻开始聊天。所以，社交软件是我推荐所有人使用的方式。社交软件的优势在于你可以设置自己的底线，完成筛选；同时展示长板，吸引对方。

正确使用社交软件，扩大交友圈

很多人提到社交软件就立刻开启偏见模式：垃圾堆里捡男人啊！我知道很多姑娘担心被骗财骗色，但软件是提升效率的好工具，只要你掌握了正确的使用方法。或许你身边就有通过社交软件成功脱单的朋友，只是你还不知道。

使用社交软件的第一步，我们需要了解它的底层推荐逻辑。社交软件通过推送和竞争机制，将我们带入1对1的交流环境，帮助我们快速建立关系。你会在软件上看到各种类型的异性，比如艺术系帅哥、理工男、宠物爱好者、手工达人等，从成熟的"老狼狗"到可爱的"小奶狗"，应有尽有。我在娱乐圈混迹10年，各种大明星都见过，对帅已经免疫，但是看到这些从未出现过的类型，还是会嘴角冒汗啦！

先来介绍一下软件的推送原则。首先，不要被推送机制迷惑。软件希望你长时间停留，因此会不断推送符合你喜好的对象。你喜欢高智商的男生，从985高校到福布斯30强青年才俊都会出现在你的推荐列表中。但你要始终明确自己想找的人，不要被花花绿绿的选择扰乱了方向。其次，推送内容是根据你的喜好来调整的。你划了什么，它就推送什么。如果你频繁点开那些穿着暴露的肌肉男，软件会越来越多地推送这类人给你。所以要小心，不要因为"好奇心"而发生错误的行为，让推送内容偏离你的真正需求。

再来说竞争机制，你在使用软件筛选对面的男生，对面的男生也在筛选女生们，这个时候，你就会进入软件的竞争序列中。而你的竞争重点是吸引足够数量且有长期关系需求的异性。很多人以为竞争的是照片，但其实更重要的是你的个人界面，也就是你的约会简历。简历的作用就像投递工作简历一样，吸引到优质对象才是有效的。性感必然能够吸引来大量人群，但如果你仅靠展现性感吸引人，往往吸引来的只是"短择"对象，而非长期关系的潜在伴侣。

约会简历常见的几种无效类型，看看你是不是也踩过这些坑？

相亲型简历：罗列自己的基本信息和择偶条件，结果往往是对方也在查户口似的匹配条件。

"不要不要"型简历：列出一堆拒绝条件，反而展示了自己的性格缺陷，吓跑了正常人。

"美貌被 hi"型简历：只展示美照，对方 hi 之后就没有话题，吸引来的只是对你外貌感兴趣的人。

找工作型简历：把自己的职业生涯写得很详细，结果容易找到工作，却难以找到爱情。

普普通通型简历：毫无记忆点，难以吸引别人的注意。

一些约会简历是不是让你似曾相识？这些通通都是无效简历。有效的简历在于全面展示你的长板，吸引欣赏自己长板的人。很多同学学会校准自己的约会简历，让原本无人问津的简历变得受欢迎，匹配率大大提高，根本聊不过来。所以通过社交软件扩大漏斗是非常高效且有执行空间的途径。具体如何设置约会简历，我们在"伴侣画像"一章中告诉大家。

除了约会简历的竞争，聊天也是一场战争。很多人匹配到对象后却不知道如何开口，或者对方根本不主动说话，这时很多女生就会开始一场执拗的等待。不会脱单的人，前期都会做一件事情，叫等待对方主动。都等着对方先对自己感兴趣，只有对方喜欢自己，才能发起二轮进攻。我们要"有脑主动"，不要等待对方先主动，脱单的主动权应该掌握在自己手中。有效打招呼，有效对话的数量决定了你能否有足够的人群数量。有人会说："那我不是累死了？"你觉得累是因为你不会。这个阶段你只要沟通有效信息，而这些沟通都会为后续的发展铺路。我的学员中有一位"母胎单身"的女生，每天按照正确的方式，主动找她喜欢的对象聊天。她在12月开始学习，1月就成功脱单。

通过软件扩大异性样本的方式,你了解了吗?训练软件精准批量推送你感兴趣的男生,同时做好你的约会简历,积极主动地推动聊天,获得更多有效信息,完成初步筛选,达成约会。只要做到这些关键动作,你的异性样本数量一定会上来。记住,这个阶段,所有的工作目标就是异性样本数量。

扩大择偶漏斗的有效方法

案例

我见到 A 女士的时候她非常痛苦,她正在与一位自己完全看不上的男生交往。

这个男生条件比她差很多,她是清华的研究生,对方"只是"普通二本,家里的房子也很小,完全没法育儿,甚至对方跟她交往很久但没有说过喜欢她。A 女士也非常清楚,男生并不喜欢她,只是想跟她开心一下。这个男生在她看来唯一的优势是,北京本地人,有一份看似稳定的工作。

A 女士的痛苦在于,她看不上男嘉宾,却只能跟男生继续凑合,因为"除了他,碰不到其他更好的"。抱着这样的恐惧,她无法放弃这个根本不匹配的男生,哪怕再不满,也要硬着头皮继续。

她也不是没有努力,一年见了 5 个男生。

她有一套严格的交友选拔机制,不管是通过任何渠道接触到的人，只要加了她微信或者在交友软件上不主动说话的人，她就一律不理会。因为在她看来，这些人通通没有诚意。能够主动和她说话且聊得来的男生，才能进入下一轮筛选。

A女士非常重视对方的诚意，她会通过多种方式确认对方是否有足够的诚意。比如，她会看对方回复的速度，今天她发的信息对方有没有及时回复，回复的时间是不是在半个小时内。她还会观察对方回复的频率，是不是她发一条，对方能回三条。她还会注意对方是否主动发起话题，是否会点赞她的朋友圈，是否对她的照片有反馈，是否会主动邀约，出门或者不回复时是否会报备。这些细节都被她用来衡量对方对她的喜欢程度。

除了诚意，A女士还会仔细观察对方是否符合她的择偶标准。她会在聊天过程中评估对方是否讲卫生、是否孝敬父母、是否重视家庭、工作是否稳定、未来能否承担照顾家庭的责任。因为她已经35岁了，她觉得没有时间再去花费大量精力和人见面、相处。她是清华的研究生，如果对方只是个普通本科而不是211或985，她也觉得没有必要浪费时间见面。

最终，经过1年多的努力，她通过这种筛选见了5个人，结果有3个人在见面时对她动手动脚。她非常疲惫，向我抱怨："老师，我真的太累了，怎么会有这种情况？这些都是我看你的短视频学的。"当时我就震惊了，她只学了一半。她做了很多无效的动作，前期非常努力，但方式却是错误的，导致她筛选出来的人质量很差，最终她不仅浪费了时间，还感觉非常累。

很多学员通过软件脱单，都遇到 A 女士同样的问题。在寻找合适伴侣的过程中，无意中采取了一些缩小择偶漏斗的动作，导致错过了潜在的合适对象。这些典型的错误动作，常常出于无意识，却对结果产生了很大影响。

常见错误 1: 过多的条件要求

许多人在寻找伴侣时，会列出一个长长的清单，包含诸如长相、谈吐、身高、智商、家境等很多具体要求。虽然每个要求单独看起来都很合理，但当这些要求综合在一起时，就变得非常苛刻。这种做法往往会吓跑那些本来可能合适的普通人，因为大部分人都不是"六边形战士"。相反，那些有目的性的"渣男"可能会装出完美的样子来吸引你，因为他们知道你缺爱且追求完美。

常见错误 2: 查户口式聊天

有些人习惯在见面前先收集大量的关于对方的信息，并根据这些信息来判断对方是否符合自己的要求。这种看似高效的匹配，实际上条件好的人不愿张扬，就算对方满足你的标准也觉得你有问题。

这种查户口式的筛选方式，看似合理且精妙，但最容易把本来符合需求的正常男生都筛掉。

常见错误 3: 等待对方主动

很多女生认为男生必须主动、有诚意，才能考虑见面。

她们会先通过聊天来测试对方的态度，再决定是否见面。这种做法筛选出来的大概率工作量不饱和，一个根本不认识你却对你很感兴趣的人，遇到了我们还不赶紧打车跑的人吗！过分强调对方的主动性，可能会错失那些优秀但不擅长表达的人。

常见错误 4: 前期付出测试

不少姑娘会通过观察对方在前期是否愿意为自己付出，比如买东西时看对方是否主动买单，请自己吃的餐厅够不够高档，去商场他会不会给自己大宗消费来判断对方是否有诚意。同样地，女生觉得这样的测试方法能够看出男生对未来老婆大不大方，来看所谓的付出意愿。实际是，你只能测试出谁花钱大手大脚、谁是愿意"赌博"的人。正常男生不会愿意为陌生女生花大钱，除非他对你另有所图。

常见错误 5: 过度依赖聊天技巧

有些姑娘特别喜欢学习各种聊天技巧，目的是吊起对方兴趣，让男生对自己产生好感，聊得停不下来。明明自己是母胎单身，但聊起天来却好像技巧满满的"海后"。虽然聊天技巧可以帮助你在初期吸引对方，但如果过于依赖这些技巧，你会沉浸于自己给自己制造的恋爱错觉中，过早地开始"开车"，也会吸引不正确的对象，还可能让原本理想的对象对"经验丰富"的你敬而远之。长期来看，这样的关系难以维持，你会很累也无法做真实的自己。

在脱单过程中，大家总想要把择偶标准列得更清晰，通过严格的标准测试对方的诚意、好感度和匹配度，然后再通过纯熟的撩拨技巧把对方牢牢把握住。事实却是，通过这种方法，我们把不合适的人准确地筛选出来，牢牢地握在手上，然后随着时间的推移让自己相信，这就是我最好的选择，我不可能会遇到更好的人，实际上都是自己画地为牢。我们需要调整这种思维方式，放开过多的条条框框，更多地关注真实的互动和相处中的感觉，给予对方和自己更多的机会，去真正地扩大漏斗。

那么，我们该怎么做到既筛选又扩大择偶漏斗呢？

1. 设定 3 条底线，而不是一串要求

什么是底线呢？底线条件是指你能够接受的最低标准。你能够接受的对方条件的底线只有 3 条，只要满足我的底线，我就让他进入我的初级漏斗里。只要满足了这 3 条底线，就可以和他相处看看。比如，我曾经超级喜欢一个哈佛博士，那我以后就只能再找剑桥博士后吗？

所以，底线的意思是，你希望对方是博士，但硕士也可以，那硕士就是底线，不能只优先见博士。

为什么不设置最高标准而是底线呢？因为设置高标准，一旦找不到就要不断下调标准，这会非常影响心态，逐渐让你丧失信心，觉得自己越来越"贬值"，产生"我都要求这么低了

怎么还是找不到"的想法。

底线过高，你会无法见到"正常男生"，当男生"硬件优秀"却还反复流连在相亲市场的时候，他的软性条件一定有大问题。你要相信女人是一种多能忍的生物，他但凡是凑合能用，我们不会让他留在相亲市场的。

2.学会去掉无效信息，避免过度联想

为什么很多姑娘在脱单过程中做了很多错误的动作？因为她们特别早地带入了无效信息。例如，我刚接触一个男博士，就开始想象未来的孩子会很聪明，他是名校教授，我孩子就能上名校附小。为什么女生特别容易上头？就因为这些"无效信息"让我们陷入自己编织的幻想中，忽略了当下的真实情况。在你扩大社交漏斗的时期，对方朋友圈的背景图是谁拍的，是否还没忘记前任，等等，都是无效信息。这些不是你这个阶段要考虑的，也不应该影响你的判断。

3.尽量减少线上聊天

很多人因为线上聊天而浪费大量时间和精力，甚至过早地代入不适合的关系角色。线上24小时聊天不会让你更了解对方，只会让你24小时想着对方，让你在还没见面前就已经在大脑中跟对方"网恋"。大家都在事业发展期，没那么多时间去低效地拉扯暧昧，聊天最重要的目的是获取和识别有效信息，建立你的线上沟通秩序。之后，尽量把时间和精力放在实际的面对面交流上。在日常相处中,去看对方的态度和行为,而不要单单听他说了什么。

4. 前3次约会,聊清楚人生规划

比如,有人恋爱一年或两年后,对方突然说要出国、要回老家,要分手;有些人会突然发现,这个男的从来不打算结婚,这个男生不要孩子,甚至我怀了也要让我打掉。当你"突然发现",就说明你之前的时间和投入都是有问题的,最重要的长期规划你们一开始没有沟通清楚,在扩大漏斗过程中不正确的人进来了。想法当然会随着时间改变,但如果我们在一起,感情非常稳固,是可以探讨整个人生规划的变化的。但如果你是被通知的,对方早就有规划但没有告诉你,你们从来没有聊过,这就是问题。对方到最后也觉得自己没有骗你,因为你没有问过这样的问题。所以我们前期要防止这种情况出现,前3次约会时,基本的人生规划一定要聊清楚。

通过了解上面的5个错误动作和4点基础要求,你就可以更准确高效地扩大自己的择偶圈。有了足够的"异性样本"数量去筛选潜在的优质异性,接下来就是如何识别和筛选你的理想异性类型,得到伴侣画像。

你可以一边进行下面的学习,一边使用上面的方法去练习。但记住,最重要的还是转变思维,变"直线"为"漏斗"。

恋爱问答

1. 你目前的扩圈进度是什么样的?

2. 你之前接触过什么样的男生？有几个？

3. 过去你会犯的扩圈错误是什么？

4. 市面上社交软件都有什么优缺点，你将使用哪几个？

5. 你使用软件的时间是怎么安排的，什么时间，什么频率？

6. 你对什么类型的男生感兴趣，软件上想先匹配什么样的人？

7. 你的约会简历和照片打算怎么设置？

8. 话题库准备好了吗？你打算怎么开启话题？

9. 你对男生的3个底线要求是什么？

10. 你怎么检测男生的安全性，多久可以见面？

11. 你来策划的话，第一次约会会选在哪里？做什么，聊什么？

12. 你的约会计划是什么样的？

第二章　筛选识人，确定伴侣画像

> 案例

相信很多人看过热搜里的一条新闻，有位 30+ 北京教师为了脱单，在一年内相亲了 100 人。她非常努力，以为只要相亲的基数足够大，就一定能找到合适的伴侣。然而，在见了这 100 人之后，她得到的却是越来越多的负面反馈，最后她发现自己已经不会心动了。

为什么会发生这样的情况呢？这是因为她的路径从一开始就是错的。她没有进行有效筛选，缺乏"漏斗思维"，也不知道如何去筛选她真正想要的男人。她的整个流程，从扩展交际圈到设定标准，再到筛选，每一步都出现偏差。给大家一个参考，当你觉得脱单很累，很不顺，心态越来越差的时候，就一定是路径错了。

错误的路径和方法会导致错误的结果。你在脱单的过程中盲目地努力，只会得到越来越多的负面反馈。负面反馈会导致你的心态越来越糟糕。在这个过程中，你会觉得自己遇到的人怎么都是奇葩，后面遇到的人条件也会越来越差。

要避免这样的情况，我们需要一个正确的方法。除了上一章讲的，我们要有策略地扩展交际圈，设定清晰合理的标准，确保每一个进入初级筛选的人都符合这些底线条件之外，还需要学会识别男人，在与异性交往的过程中根据你的感受校准并进一步筛选，最终确定理想伴侣画像。只有有的放矢地一步步推进，在正确的路径上执行，在执行中学习迭代，你才能积小胜为大胜，最终找到最合适的那个人。

回到那位北京教师的案例，如果她在相亲之前就设定好筛选标准，并且只与符合这些条件的人见面，她的相亲经历可能会大不相同。如果她懂得识别男人，她就不会在100次相亲中不断收到负面反馈。脱单并不是一个简单的数字游戏，基数再大，如果方法路径错误，结果还是会失败。

不会识别和筛选容易陷入的几个误区

在脱单的过程中，我们完成了扩大漏斗，进行了异性样本的积累，就来到了筛选的步骤。如果到这一步时，你不会筛选，你的漏斗里只有坏男人和"臭鸡蛋"，那最后再怎么选，也选不出合适的人。所以姑娘们必须懂得如何识别和筛选男嘉宾，把那些不合适的筛选掉，让更好的人留下来。道理不难懂，但是很多30+的姑娘，像我学员中的很多大厂高管和学霸，都做不好筛选这一步，常常陷入误区。

经典错误 1：降低筛选标准，饥不择食

很多 30+ 的姑娘非常渴望得到脱单的结果，当对一个明确结果的渴望过于强烈时，很多人会陷入"如果我没有脱单，我的人生就没有意义"的陷阱。这种时候，压迫感可能不是来自父母或身边的人，而是来自你自己的迫切需求。这种自发的紧迫感会导致理性的判断力下降，盲目性被激活，钻牛角尖。看起来还是个好人，但实际上内在的执念被激活了。在脱单过程中，为了达成这个结果，会选择妥协，不断降低标准。为了"有个男人"可以结婚，很多姑娘开始"虽然男生脾气性格不太好""虽然这个男的有点'妈宝'""虽然我们俩聊不来，感觉就一般般"，但是"我都 30 多岁了，早点脱单，要不然就他吧"。

我们一直在强调要主动，要提升接纳度，但意思绝对不是让你降低标准。还记得前面讲的吗，正确的高效脱单方法是使用漏斗逻辑去筛选，而筛选的优势在于，可以在每一步中感受自己真正想要什么样的人。你才是主角，如果你觉得不舒服，不合适，一定不要勉强自己。如果一味降低标准，你最终会发现自己只能饥不择食，只要是个男的就往上扑。虽然我们在学习脱单，但脱单不是我们追求的终点，更理想的生活才是。我们的人生乐园是需要门槛的，不要靠促销卖打折票招揽客群。

经典错误 2：孤独缺爱，没筛选就开启感情

有些姑娘总是在感情中受伤，甚至重蹈覆辙，不断在错误的男人中徘徊。根本原因在于，当你孤独和缺爱的程度大于对男生的了解程度时，容易被对感情的渴望蒙蔽了双眼。因为你太缺爱了，太想进入感情过程，但还没有了解对方，缺爱的程度大于了解，一下子陷进去。其实这不是谁的问题，而是时机不对。

请大家一定要记得，千万不要在很需要、很孤独的时候开始一段感情。所有分手不久的同学，不要很快地轻易开始一段感情。因为在这个时候，你的心理状况无法接受新的情感波动，它很脆弱，稍有波动就会崩溃。而且这个阶段你无法冷静客观地判断一个男生，很容易出错。

我自己结束 8 年的感情后，很快进入了一段新感情。那个男生是我分手后见到的第 5 个男生，他既温柔又帅，兴趣爱好广泛，我就爱上了。但那个时候我爱的是他吗？根本不是。当我们非常孤独、缺爱时，并不是因为爱他而在一起，而是因为太孤独，太想找人谈恋爱。然后我们开始谈恋爱，但开始后发现各种不合适，因为当时没有筛选清楚就开始了。大家一定要知道，男人不是来弥补你的生活，男人是来加入你的生活。如果因为超级缺爱、超级孤独而开始的感情是不会合适的。我们需要先看清一个人，再决定是否与对方在一起。

经典错误 3：把选择当作筛选，没有主动权

有一个学员告诉我说："老师，其实我认识的人挺多的，现在的模式就是谁约我第二次，我就去和谁见第二次。"看起来，她做了很多选择，但实际上，她还是在做一件事，叫作被筛选。

女生经常会习惯性地做选择题，大家要时刻记住这一点，并不是选择项看起来越多，你就是在做筛选。筛选的本质在于谁在主动做选择，谁在漏斗中主动匹配需求，主动权是在男生还是你的手上。筛选能力决定了亲密关系的质量。

过去，我们在脱单的过程中，往往是被动的，大家习惯性地把主动权让渡给对方。我们不会主动探索自己喜欢什么样的人，喜欢和谁相处，而是根据"谁选了我"，我再来判断谁最合适。换而言之，姑娘们以为的筛选并不存在，只是在"可能都不大合适我的男生"中做选择。筛选的奥义其实是我在做一个主动的选择，我是感情中那个主动的人。在整个脱单的过程中，大家始终要主动思考自己的需求，感受自己真正想要什么样的人，主动选择和行动。

通过以上的错误分析，希望大家记住两个知识点：

- 脱单能力的高低本质上是筛选能力的高低。
- 筛选能力影响你的亲密关系质量。

如果你不懂得筛选，就会陷入迷茫、混乱和被动，脱单困难，更无法找到长期优质的亲密关系。现实生活中，有多少人碰到过令自己心动的男生，却发现他根本没有长久的意愿，只是想来玩玩或者根本不想结婚？有多少人碰到过这样的短择男或者渣男，甚至还和他纠缠了一段时间？错误的关系往往会纠缠很长时间，分手后内耗严重。与坏男人谈恋爱即便只有几个月，内耗却要半年甚至更长时间，轻轻松松就浪费掉1—2年大好年华。不会筛选会让你的情感之路荆棘丛生。

请把"臭鸡蛋"扔掉，留下好男人

正确的筛选在脱单全程中非常重要，尤其在初期识人时。你有没有把正确的人留下来，是不是还在不对的人身上浪费时间和精力？当你学会正确的方法后，你会觉得脱单很轻松，也因为轻松你才能逐渐享受脱单的过程。在脱单全程中，对99%的男生你都可以用方法去面对，只有1%的人值得你花心力去努力。高效脱单就是把精力分配给值得的人，而不是浪费在错误的人身上，这也是筛选的要义。

那么，如何把"臭鸡蛋"扔掉，把好男人留下呢？第一步就是学会识人，在认识之初，学会分辨对面男生存在哪些问题。初期识人不准确，可能会导致后面的相处磨合时间全部浪费。下面以案例的方式，带大家快速识人。

初期识人第 1 项：理解对方的真实意愿

案例：男生每条信息都认真回复是什么意思？

很多女生在新认识一个男生时，发现他回信息时非常耐心、温柔、细致。女生应该经常碰到这种情况吧？学员中有一个姑娘，在网球群认识了一个英俊少年。女生挺喜欢这个男生，觉得他又帅气又阳光又爱笑。她经常发一些小笑话和男生感兴趣的主题聊天，两个人友好互动了几个月，一起吃饭，一起看演唱会。女生发的每条信息，男生都会回复很长的内容，非常温柔有礼貌。当"我对他有好感，他也认真回应我"的时候，女生会天然认为男生是喜欢她的。然而，在真正的推进过程中，终于女生忍不住了，说："我挺喜欢你的，你怎么想？"男生还是非常认真地回复了三段话，但总结意思是："我不喜欢你，我们还是好朋友。"

我们经常在脱单过程中碰到这样的情况，男生很认真、非常绅士、彬彬有礼。这种男生多见于工作场景、相亲场景、熟人介绍场景，还有线下活动场景，对方本身的脱单意愿不明确，但因为你们有很多共同认识的朋友，或者男生习惯性地礼貌待人。

男生认真回复每条信息不代表他真的喜欢你，而代表他有礼貌和时间。女生喜欢一个男生时，会自动代入对方的每一件事，认为这些细节是喜欢的表现。有用来脑补的时间，不如确认下对方是否有脱单的意愿。如果对方根本没有脱单的意愿，那么你在这段关系上浪费的时间算什么呢？

案例：男生带我去泡温泉是什么意思？

这是一个非常经典的"短择"案例，一位同学的前三次约会，第一次男生带她去泡温泉浪漫，第二次带她去酒吧放松，第三次带她回家看房子装修，肢体接触也一次比一次深入。当女生问："那我们是什么关系啊？"男生说："当然是男女朋友关系了。"两个人发生关系后，男生的态度大变，女生来找我咨询："老师，男生为什么在这个过程当中和之前完全不一样？他明明说他最喜欢我了。"

如果是你，怎么判断这段感情，这个男生真的喜欢这个姑娘吗？

首先，其实这个男生"是否喜欢"并不重要。因为我们要考虑的是"我的需求"是什么，当"我"想要的是长择，"我"想要长期关系，那只要判断他的意愿是短择，"他是否喜欢我"在这个过程中就不重要了。这是典型的场景错误。

其次，怎么判断是短择？别管他邀请你的理由是什么"他家的猫会后空翻""酒店里放着块夜光手表"，一定要看事情的本质。第一次去温泉，第二次去酒吧，第三次去家里，所有的约会都只去私密场所，所有的约会都以最后能发生关系为前提，这才是本质。然后在发生关系之前，女生问我们现在是什么关系，男生说我们现在是男女朋友。这个时候男生的表白不重要，甚至男生是否以非常明确的表白方式，是否带着鲜花和礼物也都不重要。因为这个男生只想得到一个快速的关系。正常情况下，想要长期关系的女生会不会这么快和一个男生确认关系以及发生关系？换位思考下，大家有一个基本的判断。当你遇到这样有极强目的性的男生，他一定是短择需求，这种男生你根本不用去想"他到底为什么这样，他是不是喜欢你"，直接把他排除掉就行了。

注意，如果男生有私密场所的邀请，而你判断对方不是出于短择的需求，并且你也很想去，那么你可以控制一下节奏，比如 3 次约会后再规划这样的约会。

案例：男生天天喊我"宝贝"是什么意思？

如果你跟一个男生线上很聊得来，他天天喊你"宝贝""傻丫头""乖"，你们还没见面就确认关系了，那你需要停下来反思一下。碰到这样的男生，如果你是 22 岁以下的，可以理解。但如果你是 30 岁以上的同学，千万不要陪他玩。不要觉得反正也很无聊，就当练习了。

所有女生，如果你认为这种玩法是可行的，一定要校准你目前的心态和执行惯性。这种关系的结果是你的时间被浪费掉了。最后你会发现自己跟其他正常男生聊不起来，觉得其他人很无聊。你的心态和期待可能会发生偏差，因为随着时间的累积，你的脑补加持，你可能最终被迫爱上他，被迫对他有各种揣度，甚至陷入没有结果的痛苦的恋爱。所以只要碰到男生这么随意，你就赶紧跑。

你在开始投入与一个男生推动关系之前，一定要判断——他是来找女朋友的，找一个长期关系的，还是来找一段只求开心的关系的？这些需求是完全不同的。如果前期没有办法判断他是什么样的人，那你的时间很可能就在这样的人身上浪费掉了。

通过上面的案例，希望大家都能非常清晰地判断男生到底在想什么。提高初期识人的准确性，知道表象背后对方的真实意愿，遇到坏男人赶紧跑。当大家判断不了对方真实意愿的时候，可以使用后面讲到的"123 原则"去卡它。如果超过这个时间线，说明对方肯定不想跟你有任何发展。你应该及时收手，停止做更多的投入。

初期识人第 2 项：脱单节奏

案例：第一次约会就要拥抱接吻是什么意思？

一个姑娘下班后与男生约会。约会结束后，男生就说"今天我没开车，你开车送我吧。"女生同意了，送到楼下的时候，男生说："今天给你准备个礼物，但是我忘带了，你跟我一起上楼去拿吧。"第一次见面，女生就没多想，觉得男生还挺正经的，两人聊得也不错。于是，女生就上楼。进了男生家之后，男生送给了女生一朵玫瑰花，然后当场表白，说："我从来没见过像你这纯情的姑娘，从来没见过这么心动的人，咱俩在一起吧。"然后就开始拥抱、亲吻，对这个女生动手动脚。这并不是个别现象，还有更夸张的，比如，男生送女生上楼后，一进门就强吻、强搂，甚至试图更进一步。男生往往会用"我忍不住了，我太喜欢你了，我就想和你表白，确认关系"这样的借口，但事实上，这只是为了快速推进关系。有些女生在遭遇这种情况后，仍然困惑于男生的真实意图，甚至觉得男生是她遇到的条件最好的对象，害怕错过，希望我帮她想办法挽回："老师，我第一次碰到一个男生这么主动，这么对我心动，但是之后他就不理我了，他到底什么意思？"

姑娘们一定要记住，如果一个男生在初期约会时快速推进关系，频繁选择私密场所，并急于发生亲密关系，他很可能并不是真的喜欢你，而是别有用心。遇到这种情况，女生应该果断选择逃离，避免受到更大的伤害。

案例：很贴心但是一直不表白是什么意思？

在脱单过程中，很多学员遇到的不是节奏过快，而是推进过慢。有些姑娘跟男生拉扯的时间超过3个月，依然没有进展。举一个我自己的例子，我和恋爱历史上最心动的哈佛男纠缠了大概半年的时间。那时候所有人不能出门，我们两家住在北京对角线的位置，他白天上班，晚上有国际会议，即便只有两个小时自由活动时间，他也会蹬着自行车来找我。我们一起吃一个小时饭，可能遛个弯儿，然后他再骑车回去。每逢过年过节，他都会往我们家送各种礼物。在友好互动的这半年时间里，我们在微信上什么暧昧的话都说过。

这个时候你们觉得这个男生喜欢我吗？那时候我坚信他喜欢我。然而，当我决定跟他在一起，我向他表白时，他说："不好意思，我们还是做朋友吧。"也许，我们相处的半年里，他肯定有一些心动的瞬间，但是喜欢不代表想跟你恋爱，他本身是完全没有脱单的意愿。所以，不要觉得像情侣般相处就可以了，在合适的节奏里明确关系很重要。

在整个脱单过程中，如果一个男生没有按照正常节奏推进，节奏要么过快要么过慢，都是有问题的。过快的节奏要警惕男生另有所图，过慢的节奏则可能意味着对方并没有真正想要脱单，只是因为一时心动或其他原因而与你纠缠不清。不论哪种情况，都意味着这个男生是注定要错过的人，不要在他们身上浪费时间和感情。

初期识人第 3 项：识别隐秘问题

案例：男生来单位找我什么意思？

一位学员是一家著名三甲医院的医生，男生在第一次约会之后转天就到女生的科室去找她。大家觉得这个男生的意图是什么？是确认工作的真实性，考察社会性，宣示主权，还是想尽快再见到女生？

不论他出于什么目的，这种男生一定要远离。这种行为显示出男生完全没有边界感，不在乎女生的感受。这样的举动可能预示着男生在性格上有隐秘的问题，可能具有很强的控制欲或其他人格缺陷。类似的情况还有，比如说哭着上门来堵你，跟你吵架的时候绝食，恋爱的时候跟你借钱，通过自残的行为来挽回感情，等等。碰到这类有极端行为的人，大家一定要非常小心，前期一定要把他筛掉，宁可错过也不要去招惹。这类人有可能会给你带来很大的安全风险，很多这样的案例都是相处越深入麻烦越多。

高效识人的两个原则

也许很多姑娘还是会有其他困惑，男生们是各种各样的，难免会遇到其他异常情况。篇幅所限，我能举的例子是挂一漏万，但是万变不离其宗，你只要把握前文所说识人的 3 个关键项就能规避大多数问题男。如果你依然对识人没把握，那我再给你两个法宝帮助你拨开迷雾，提升判断效率。

1. "123 原则"

123 原则，即一周聊天，两周见面，三个月确认关系。以 123 原则为标尺，看对方是否能按照这个大致的节奏推进感情，判断脱单节奏安排是否合理。用这个工具可以马上识别短择男、别有所图男，还有脱单意愿不明的男生。不管男生用什么理由，你都要坚守原则，真的尊重你、爱你的男生也会尊重你的节奏。如果你本身恋爱经验丰富，有自己的节奏，那你也可以按照原本的节奏，但前提是你来推动节奏，而不要交给对方。

2."判断行为"原则

即关注男生的实际行为，而不是他的言辞。很多女生容易被男生的甜言蜜语迷惑，男生常用的话术包括"我很尊重你""我从来没有谈过恋爱""我特别喜欢你"之类的，但实际行动却总是试图带你去私密场所或提出亲密要求，接触几次就想强行发生关系。一个标榜自己尊重女生的男生，却根本不在乎你的意愿，那么他的言辞与行为是不一致的，这样的男生需要警惕。

另外提醒姑娘们，确认关系并不等于发生亲密行为，女生应当保持自己的节奏，根据自己的意愿来推进感情，而不是被动接受。你和男生发生亲密关系的前提一定是自己开心、舒适，而不能是压力、胁迫和欺骗。有的男生会用发生关系来作为确认恋爱关系的前提，通用话术是"我这个人，如果不是确认好这些所有的事情，我都不会跟她确认关系的""如果性生活不合拍的话，我不会跟她确认关系的，因为这件事情对我很重要""我们这么长时间，我都见你第三次了，我觉得我已经付出很多诚意了，但是完全看不到你的诚意"，这些都是男生想要短择的表现，要及时亮起红灯，不要被PUA，要及时逃开。

识人的3个筛选项是非常重要的，也是最容易筛选出来的，因为这些都是幼儿园级别的基本问题。如果你还反复在这些基本问题上卡壳儿，就没有办法去做高级问题的探索和推进，比如伴侣画像。跟错误的人纠缠的时间会让你错过正确的人，而时间是我们最重要的东西。女生们一定要记住，不要总是低效地在"臭鸡蛋"里反复打滚儿。这些低级问题不值得占用我们的精力、时间和金钱。

梳理 5 种软实力：合适意味着一切

在感情初期，我们已经学会了如何通过识人和识别问题来判断对方是否适合进一步发展。接下来，我们进入第二步筛选需求。这一步非常关键，因为它可以帮助我们更深入地了解对方是否具备和你建立长期关系的潜力。

什么是筛选需求？就是对方是否可以满足你们长期关系的需求。如何判断对方是否合适，靠感觉是肯定不行的，我们设计了一个"5 种脱单软实力"工具。通过对软实力的筛选，我们可以更全面地评估对方是否适合成为我们的长期伴侣。

通常我们可以通过 12 个人找到伴侣画像，也就是每周约会 3 个人，1 个月内校准你想要什么样的人，什么人适合你。那么，接下来当你再去约会，最多通过 3 次约会，就能高效判断对方是否适合与你建立长期关系。当你知道你的伴侣画像，明确你喜欢的是哪一类人，那你在这一类人中与男生见面，最终的正缘出现时，你会非常确定，一眼识别出来，不会犹豫。这就是高效脱单的关键。

什么是 5 种脱单软实力？

5 种软实力工具是我和团队独创的恋爱法宝，它是一个直观系统的工具,可以帮助女生们全面辨别男嘉宾类型。这套工具在超过8000名学员的使用体验中反馈非常好,特点是在不需要长期恋爱的情况下,快速直接地识别一个人,大大减少了大家识人的成本和时间。

对感情经历较少的情感"小白"来说,这套工具尤为有用。它不仅可以帮助大家快速辨别和识别适合自己的男嘉宾,还能解决以往筛选标准片面的困扰。许多人往往只关注社会地位,或者容易被高智商、高精神魅力的人迷惑,短期内很容易上头,但实际上这些人可能并不是真正合适的对象。

有了这5种软实力工具后,大家可以更客观地评估男嘉宾,同时也尊重自己的主观感受和喜好。例如,通过多次约会,你可能会发现自己无法接受身高低于170cm的男生,或者对颜值不够的男生没有兴趣。这些发现都让你更进一步了解自己。可以说,5种软实力工具就是脱单道路上的利器。

5种软实力是指在恋爱脱单中,社会性、性格、关系、智商、精神5大维度的能力。我先来给大家具体解释一下。

社会性:相亲角上的个人简历

社会性相当于传统相亲中的个人简历和自我介绍。

对男生来说,社会性通常指的是户口、收入、身高、学历、个人财产、家境等因素,即所谓的"高富帅"。而对女生而言,社会性则主要体现在相貌、年龄、身高、学历、家境等方面,即"白富美"的标准。

社会性强的人在相亲市场上往往更受青睐，他们自信且不吝展示自己的优势。社会性强的男生一般都比较自信，同时他们也知道自己是相亲市场的香饽饽，所以跟社会性强的男生出去约会，一般他们都会安排比较高级的餐厅，或者消费比较高的活动，同时他们也不介意谈论自己的工作，还会有意无意透露出自己收入的丰厚。

性格软实力：情绪稳定、乐观

性格并不仅仅指一个人是内向还是外向。性格实力强的表现通常包括情绪稳定、乐观积极、人格统一，在任何场景都能很稳定地发挥。这样的人往往能够很好地调节自己的情绪，不因为小事而大喜大悲，遇事冷静且理性。

性格好的人通常很容易与他人打成一片。他们乐观向上，总能带给周围人积极的能量，让人感到轻松愉快。他们的活泼有趣使得人际交往变得更加自然和愉悦。在聊天时，他们能够巧妙地推动话题的发展，不会让对话陷入冷场或尴尬的局面。与他们交流，你会感觉到一种流畅的互动，不会有"话掉到地上"的感觉。

关系软实力：亲密关系处理能力

关系能力在两性关系中表现为一个人在两性关系管理方面的高情商和成熟心智。具有高关系能力的人通常能够在工作和生活中帮助朋友处理问题，是大家眼中的知心大姐姐或知心大哥哥。他们善于处理危机，拥有许多长期朋友，能够建立并维持健康的关系，同时也能果断解除不健康的关系。

要判断一个人关系能力强不强，可以从几个方面入手：首先，看对方是否善于处理危机，能够在困难时刻冷静应对，找到解决方案。关系能力很强的人永远能在坏事发生的时候，找到处理和解决的方法，甚至能让坏事变好事。其次，观察对方是否有许多长期的朋友，这反映了他们维持关系的能力。此外，他们是否能够识别并解除不健康的关系，也是关系能力强的重要标志。需要注意的是，有些人尽管在工作和生活中关系能力很强，但在两性关系中却表现不佳。例如，有些父亲在单位和外界是公认的老好人，但回到家对待家人时却脾气暴躁。因此，在我们的脱单软实力中，评判一个人的关系能力时，重点是考察其在两性关系中的表现。

在两性关系中，关系能力强的人通常能在情感互动中展现出高情商。他们能够关注和理解对方的情感需求，在面对冲突时能冷静处理，避免情绪化的反应。他们善于沟通，能够有效地表达自己的感受和需求，同时也能倾听和理解对方。

这种高情商和成熟心智，使得他们在两性关系中能够建立稳定、健康且长久的关系。他们能够在关系中给予对方安全感和支持，同时也能在必要时果断地解决问题，不拖泥带水。与他们在一起，你会感到被理解和尊重，关系也会更加和谐、稳定。

智商软实力：学霸、专家、最强大脑

智商软实力高的人通常在某一领域具备出色的专业能力，他们往往是专家团中的一员，对自己的专业领域能够侃侃而谈。

这种人不仅在特定领域有深入的研究和见解，还能够清晰、流畅地传达自己的观点和知识。他们的智商软实力不仅体现在解决复杂问题的能力上，还体现在他们的逻辑思维、分析能力和学习能力上。和这样的人相处，你会发现他们总能提供独特的见解，让你感受到智慧的力量。很多女生会迷恋高智商的男生，也就是常说的"智性恋"。

精神软实力：心灵与内在价值追求

精神软实力指的是那些对心灵层面有着深刻追求和关注的人。要判断一个人是否具有高精神软实力，可以观察他们在生活中是否有明确的精神追求，是否有自己独特的喜好和研究。与简单的爱好相比，精神软实力更关注生产端的兴趣。例如，同样地热爱美食，消费端的"爱好"是指你食欲大开，狼吞虎咽。而生产端的"精神"是指你想知道这道菜怎么做出来的，需要什么食材，什么香料，什么火候，需要什么烹饪技巧，来自什么国家。这是精神和爱好的区别。

精神能力强的人往往喜欢沉浸在自己的世界中，表现出固执和独立思考的特质。他们有自己的主见，不轻易被外界影响，常常在自己的兴趣领域中深耕细作。与这样的人相处，需要注意是否能包容他们的固执和沉浸在自己世界中的那一面。虽然他们可能在某些方面显得与众不同，但他们的独特视角和深刻思考往往能够给你带来意想不到的灵感和启发。

很多时候在约会中，我们表面上是被对方的谈吐、智商吸引，但实际上，我们是被对方的精神吸引。许多文艺青年都容易对精神能力强的人着迷。

为什么他跟你想象中不一样？

在寻找长期伴侣的过程中，很多女生容易被一些软实力迷惑，这些男生可能在某些方面表现突出，但并不代表他适合你。因为每种软实力都有独特的魅力，所以很多姑娘在与男生相处时，很容易出现短期上头的情况。很多人甚至结婚了，才发现"他跟想象中不一样"。

为什么他跟你想象中的不一样，经常会出现的情况是什么样的呢？

"社会性"迷惑

在脱单过程中，很多人习惯性地只看对方的社会性，比如收入高、身高185cm、长相帅气等。但实际上，社会性只是5种软实力中的一种。仅凭社会性筛选往往会导致找到的对象在人际关系、性格、精神追求等方面不合适。比如，一个年薪百万的男生，表面条件很好，但如果他缺乏情感沟通能力或生活技能，这样的关系可能并不长久。

面对社会性强的男生，大部分女生可能会觉得不太自信，常常只盯着亮点，忽视缺陷。我自己曾遇到一个哈佛大学毕业并在联合国演讲的男生。当时，我脑海中浮现了他与各国大使握手的画面，甚至想象自己穿着高定套装的未来生活。这种滤镜让我忽略了他存在"爱无能"的缺陷。因为我没有见过世面，所以被男生的社会性迷惑了。

社会性较高的男生，如在编人员、有一定社会地位或者收入不错的人，容易让女生以超厚的滤镜去看待对方。在我作为脱单导师的时间里，常常见到女生被男生的社会性迷惑。一方面，她们自我安慰"社会性这么高的人一定不是坏男人"，另一方面又因为害怕失去一个条件这么好的人，而不断迁就对方，奉献自己的青春。

姑娘们在约会过程中需要注意辨别对方是否以自我为中心、大男子主义。要注意排除掉自恋型人格（NPD），因为他们不会顾及别人的感受，没有同理心，且无法改变。大家切记抱着筛选的心态，只筛选，不改变，尤其对 NPD 来说，不要成为他的"血包"。

"性格"迷惑

性格能力强的人，一般积极阳光开朗，擅长聊天沟通，一般是人群中的小太阳，搞笑且会提供情绪价值。性格第一的人，很容易受到大家的喜爱。性格能力强的人一般自带"社牛"体质，非常容易和大家打成一片。不容易和他人起正面冲突，比较会营造和谐开心的气氛，或者他们比较擅长自嗨。

可能有同学不了解软实力中"性格"和"关系"的区别，"性格"其实为弱关系能力的体现，而"关系"为长期关系能力的体现。比如有的人很擅长和陌生人建立良好的关系，但是却不擅长建立长期的亲密关系。

性格能力强的"痞帅男生"是学生时代的明星,总是没正形、爱开玩笑,特别招女生喜欢。然而,真正与这种男生在一起后,你可能会发现他缺乏责任感和成熟度。喜欢这种类型的女生会觉得生活有趣,但不喜欢的女生会觉得自己在"养儿子"。

"关系"迷惑

关系能力强的人通常擅长解决冲突,性格温和且包容性强。他们情绪稳定,善于主动关心和在意别人的感受,具有很强的利他属性。然而,这种类型的人往往一开始给你感觉不温不火,没有什么心动的感觉。

需要注意的是,一些男生可能通过展现高超的关系能力,让你觉得他们是"对的人"。他们在生活中很会处理人际关系,对谁都响应很快,朋友和领导关系都打点得很好。然而,这些表面的手段可能掩盖了他们并没有真心投入的实质。他们可能接受了比较好的家庭或前任教育,但实际上并没有那么喜欢你,只是个"技巧男"。例如,吵架后他们通过买个小礼物哄哄你,表面上看似有行动解决问题,但内心却并不在意你的感受。虽然表现出在意你,但可能只是表面功夫。女生需要警惕这种表面上的关系能力,不要被男生的技巧和所谓的诚意迷惑。要看他们在两性关系中的真实表现,观察他们是否真正关心你的感受,是否愿意为你付出时间和精力,是否在意你们关系的长期发展。

"智商"迷惑

智商能力强一般体现为聪明，学习能力强，善于发现规律，并归纳总结。他们可能逻辑思维能力强、数学很好、打游戏很厉害等。典型的代表就是《生活大爆炸》里的"谢耳朵"和神探"夏洛克"。这种智商能力，一般通过对方的学习经历及说话的思维方式很容易判断。因为智商高的人，一旦碰到自己熟悉并且感兴趣的话题，会跟你把来龙去脉全部讲一遍。但是智商并不一定和学历挂钩，有些学历不高的人也会有智商高的表现。

很多女生容易被智商高在"台上讲课闪闪发光"的男生吸引，然而这类男生可能只有在专业领域表现突出，日常生活中却缺乏情感交流和互动。如果你不能接受他在生活中可能表现出的冷漠和专注于"科学"的特点，你们要考虑一下了。如果生活中你真的跟"谢耳朵"在一起，他可能只有台上那半个小时闪闪发光的，剩下的时间可能都在跟你较劲，你在现实中能不能够跟他相处？

"精神"迷惑

精神能力强的人注重追求精神世界，关注自我的成长，同时有自己擅长的领域和爱好，一般喜欢但不仅限于研究心理学、哲学、文学等，一般都非常有主见和自我见解。精神能力常见于那些特长很强的男生。

比如我遇到过一个滑板高手,他阳光、爱运动、才华横溢,特别容易让人一见钟情。然而,长期相处后发现,他的生活重心完全在滑板上,无法兼顾伴侣的需求。如果你无法包容他的固执和沉浸在自己世界中的一面,这样的关系很难维持长久。精神软实力强的人很吸引人,但不一定适合所有人。

精神软实力强的男生可能琴棋书画样样精通,可能会讲13国语言,看起来非常有魅力。然而,这些男生在实际相处中可能非常羞涩,不善于沟通。所以遇到这类男生,不要仅仅因为对方的特长而被吸引,要看他们的沟通能力和在日常相处中你的感受。

通过这些案例我们可以看到,恋爱中5种软实力每一种最强项都有各自的吸引力。但当我们再去看整体的时候,各有各的短板。在择偶过程中,不仅要看对方的最强软实力,还要看他的整体软实力,要考虑他的短板你是否愿意接受。

摆脱限制性思维,打破脱单困境

对女生来说,脱单是一个特别好的时机,通过筛选适合自己的伴侣,让我们可以充分重新认识自己。用5种软实力筛选法筛选,很重要的价值在于,它给了你一个工具,让你全程带着觉知去看自己,拨开迷雾看到内在的问题。

筛选决定脱单质量,而筛选的重点则在于对5种软实力的把握。5种脱单软实力能帮你摆脱常见的限制性思维，抽离之前的恋爱模式，打破脱单困境解决很多你想不明白的问题。

1."为什么所有人都不行"

很多姑娘一直单着，问理由，她们常说："总觉得没有一个男生是合适的。"为什么会这样呢？

出现这种情况的原因是核心需求不明确。比如，对方的社会性满足了，你却觉得对方性格不行；对方特别热爱生活了，你又担心他上进心有问题。这表明你没有明确自己真正需要的是什么。如果你总是觉得怎么着都不行，说明你在寻找一个完美的"六边形战士"，而这样的人根本不存在。你自己也不完美，不能要求对方是完美的。所以，当你觉得怎么着都不行时，问题在于你没有对对方的软实力进行合理的排序，而是期待对方是个五项全能的人。

2."为什么再也没人比得上前任"

有些姑娘一直回味着前任，每出现新人就对比前任，觉得没有人能比得上前任。这是什么原因呢？

因为你没有看清前任的综合排序，以及他真正让你舒服的软实力是什么。比如，你最初被前任的高学历吸引，接下来找男友时，你就把目标定在高学历的男生上。但实际上，吸引你的可能是前任的关系和精神，而不是学历。如果你觉得没有人比得上前任，是因为你根本不知道前任的软实力排序是什么。

的治疗方案

就诊信息

科室：　　　　　　　　　姓名：

身份：

主治：

科素：

挂号：　　　　　　　　　诊断：

诊断依据

□ 确诊标准：

□ 重点的点：

□ 不重点的点：

处方建议

○

○

○

主治医师：　　　　　　　　日期：

医嘱：

纺音祝福卡

😊 致诊信息

姓名：
身份：
主治：
科室：   生解：

🩺 诊断总结

                          生知日：

□ 需体确签：

□ 量欢的点：

□ 不喜欢的点：

📋 处方建议

  ○
  ○
  ○

主治医师：   日期：

医嘱：

初诊记卡表

🩺 初诊信息

姓名：　　　　　　　　　　书籍：

身份：

主治：

专家：　　　　　　　　　　分诊：

🩺 诊断依据

□ 整体印象：

□ 喜欢的点：

□ 不喜欢的点：

📖 处方建议

- ○
- ○
- ○

主治医师：　　　　　　　　日期：

医嘱：

孕前优生档案

📋 就诊信息

姓名：　　　　　　　　　　　　年龄：
身份：
主诉：
末次月经：　　　　　　　　　　诊断：

🩺 诊断依据

□ 症状体征：

□ 事故的点：

□ 非事故的点：

📝 处方建议

○
○
○

主治医师：　　　　　　　　　　日期：
医嘱：

狗狗私人档案

🐾 基本信息

姓名：   生日：
品种：
身份：
主人：
科室：   兽医：

🐾 饮食习惯

□ 整体感受：

□ 喜欢的食：

□ 不喜欢的食：

📋 饮食建议

○
○
○

主治医师：   日期：

医嘱：

铲舌就诊方案

🩺 就诊信息

姓名:　　　　　　　　　　书籍:
每份:
主治:
科室:　　　　　　　　　　经验:

🩺 诊断依据

□ 获诊感受:

□ 喜欢的点:

□ 不喜欢的点:

🩺 处方建议

○
○
○

主治医师:　　　　　　　　　　日期:

医嘱:

初诊记录卡

就诊信息

姓名：　　　　　　　　　　　年龄：
身份：
主诉：
科室：　　　　　　　　　　　诊断：

诊断结果

□ 整体感觉：

□ 喜欢的点：

□ 不喜欢的点：

处方建议

○
○
○

主治医师：　　　　　　　　　　　日期：
医嘱：

初诊记录卡

基本信息

姓名：　　　　　　　　　　　　书籍：

科室：
主治：
身份：
书籍：　　　　　　　　　　　　备注：

诊断依据

□ 基础信息：

□ 喜欢的点：

□ 不喜欢的点：

处方建议

○
○
○

主治医师：　　　　　　　　　　日期：

医嘱：

初诊就诊卡券

🩺 就诊信息

姓名：　　　　　　　　　　　　　　　　手机：
年份：
主诉：
科素：　　　　　　　　　　　　　　　　　诊断：

🍎 诊断依据

□ 主体感受：

□ 数据的点：

□ 主量数的点：

📋 处方建议

　○
　○
　○

主治医师：　　　　　　　　　　　　　日期：

医嘱：

印象就诊卡表

就诊信息

姓名：　　　　　　　　　　书籍：
身份：
主治：
科室：　　　　　　　　　　　诊断：

诊断结果

□ 整体感受：

□ 喜欢的点：

□ 不喜欢的点：

处方建议

○
○
○

主治医师：　　　　　　　　　日期：

医嘱：

宠物就诊卡

🐾 就诊信息

姓名: 年龄:
种类:
主治:
身份:
科室: 医嘱:

🐾 诊断结果

□ 整体感受:

□ 喜欢的点:

□ 不喜欢的点:

📋 处方建议

○
○
○

主治医师: 日期:

医嘱:

约诊记录卡

🩺 就诊信息

姓名：   主治：
身份：
主治：
科室：   线喷：

书籍：

💊 诊断结果

☐ 整体感受：

☐ 喜欢的点：

☐ 不喜欢的点：

📋 处方建议

○
○
○

主治医师：   日期：

医嘱：

给母狗的方笺

就诊信息

姓名：　　　　　　　　　　　书籍：

身份：

主诊：

找麻：　　　　　　　　　　　处理：

诊断状态

□ 整体感觉：

□ 喜欢的点：

□ 不喜欢的点：

处方建议

○

○

○

主治医师：　　　　　　　　　　　日期：

医嘱：

胸部CT检查

就诊信息

姓名：　　　　　　　　　　　年龄：

身份：

主诉：

科室：　　　　　　　　　　　医师：

诊断依据

☐ 躯体症状：

☐ 喜欢的点：

☐ 不喜欢的点：

处方建议

○

○

○

主治医师：　　　　　　　　　　日期：

医院：

初诊就医方案

🍎 就诊信息

科室：　　　　　　　　　　　手机：

姓名：

身份：

主诉：

挂号：　　　　　　　　　　　　诊断：

🍎 诊断经过

□ 医生检查：

□ 喜欢的点：

□ 不喜欢的点：

📋 处方建议

o
o
o

主治医师：　　　　　　　　　　日期：

医嘱：

宠物就诊卡

就诊信息

姓名：　　　　　　　　　　年龄：
身份：
主诉：
科室：　　　　　　　　　　兽医：

诊断依据

□ 整体印象：

□ 重要妖特点：

□ 不重要妖特点：

处方建议

○
○
○

主治医师：　　　　　　　　　　日期：

医嘱：

处方收纳卡

💊 就诊信息

科室: 诊断:
主治:
身份:
姓名: 住院:

💊 治疗方案

☐ 基本疗效:

☐ 重点药品:

☐ 不重点药品:

📋 处方建议

o
o
o

主治医师: 日期:

医嘱:

观影卡片

🎬 观影信息

姓名：　　　　　　　　　　年龄：

身份：

主演：

导演：　　　　　　　　　　　　类型：

🎬 观影体验

☐ 整体印象：

☐ 喜欢的点：

☐ 不喜欢的点：

📖 记事重点

○

○

○

主治医师：　　　　　　　　　　日期：

医嘱：

药品说明卡

🩺 购药信息

姓名:　　　　　　　　　　　年龄:
身份:
主治:
对象:　　　　　　　　　　　经销:

🩺 药师优选

□ 整体评分:

□ 喜欢的点:

□ 不喜欢的点:

📋 处方建议

○
○
○

主诊医师:　　　　　　　　　　日期:

医嘱:

的名就诊卡表

💊 就诊信息

姓名：　　　　　　　　　　年龄：

身份：

主诉：

过春：　　　　　　　　　　治疗：

🍎 治疗体验

□ 体验感受：

□ 喜欢的点：

□ 不喜欢的点：

📋 处方建议

○
○
○

主治医师：　　　　　　　　　　日期：

医嘱：

ived 诊合成方案

📋 就诊信息

科名: 书据:

身份:
主治:
挂号: 诊嘱:

🩺 诊断依据

□ 整体描述:

□ 喜欢的点:

□ 不喜欢的点:

📋 处方建议

○
○
○

主治医师: 日期:

医嘱:

门诊处方笺

就诊信息

姓名：　　　　　　　　　　　　　　　　　　　　　　　书嘱：

每份：

主诉：

科室：　　　　　　　　　　　　　　　　　　　　　　　别嘱：

诊断依据

☐ 辅助检查：

☐ 喜欢的点：

☐ 不喜欢的点：

处方建议

主治医师：　　　　　　　　　　　　　　　　　　　　　日期：

医嘱：

🍒 就诊信息

科室：
主治：
身份：
姓名：   生辰：
                              医师：

🩺 诊断依据

□ 整体感受：

□ 喜欢的点：

□ 不喜欢的点：

📋 处方建议

○
○
○

主治医师：
                              日期：
医嘱：

初音处方签

🍓 就诊信息

姓名:　　　　　　　　　　　　　　　书籍:
年龄:
主诉:
科素:　　　　　　　　　　　　　　　经嘱:

🍓 诊断依据

□ 疑似症参考:

□ 量次的点:

□ 不量次的点:

📖 处方建议

○
○
○

主治医师:　　　　　　　　　　　　　日期:

医嘱:

约诊记录表

的自我方案

form 基本信息

姓名：　　　　　　　　　年龄：

每份：

主治：

科查：　　　　　　　　　经喘：

诊喘依据

□ 藜体感受：

□ 喜欢的点：

□ 不喜欢的点：

处方建议

○

○

○

主治医师：　　　　　　　　日期：

医嘱：

幼名起名卡

起名信息

姓名：　　　　　　　　　书籍：
身份：
主治：
封面：　　　　　　　　　经咖：

诊断疾病

□ 整体感受：

□ 喜欢的点：

□ 不喜欢的点：

处方建议

-
-
-

主治医师：　　　　　　　日期：

反馈：

约会就诊卡

🐾 就诊信息

科名：
主治：
每份：
姓名：   书籍：

🐾 诊断结果

科事：   诊断：

□ 获得体验：

□ 喜欢的点：

□ 不喜欢的点：

📋 处方建议

○
○
○

主治医师：   日期：

医嘱：

初诊处方签

初诊信息

姓名：　　　　　　　　书辅：

身份：

主址：

科室：　　　　　　　　联系：

诊断依据

□ 辨体辨签：

□ 喜欢的点：

□ 不喜欢的点：

处方建议

○

○

○

主治医师：　　　　　　　　日期：

医嘱：

约会处方笺

就诊信息

姓名：不被定义　　年龄：有点工龄

身份：对生活有要求的新时代女青年

主诉：识人困难，行动不了一点；心态不稳，累累累累累

科室：高效脱单科　　诊断：约会困难症

诊断依据

□ 经常陷入自我怀疑，对自己的优势不明确。

□ 习惯直线思维，缺少异性样本积累。

□ 不会主动筛选，伴侣画像不清晰。

处方建议

○ 摆脱限制性思维，扩大择偶漏斗

○ 约满12个男嘉宾，坚持写约会日记

○ 掌握5种软实力利器，学会有脑主动

主治医师：潇洒小姐　　日期：2025年3月8日

医嘱：脱单不是找一个人，而是建立爱的能力，过理想的生活！

绍谷就诊卡

就诊信息

科室：
姓名：
身份：
主治：
病历：   日期：

诊疗信息

□ 喜欢的点：

□ 不喜欢的点：

□ 整体感受：

就方建议

○
○
○

主治医师：   日期：
医嘱：

约会祝方案

🍒 约会信息

姓名：9号男嘉宾	年龄：39岁
身份：上海人，暴通本科，银行从业，175cm	
主诉：怎么继续约会？	
料素：咖啡	沙咐：性格 > 精神 > 颜值 > 社会 (关系能力的)

☕ 沙咐花搭

- **整体搭签**：把咖啡关于冷下来，先搞一个儿子话，先动活后再男生主动邀约。把名咖啡关，你将定可，暴次搞整，对叨用比较清情，只约咖啡，没接着上头连正经的，主约时候，我就谢谢你接着咖啡，也说很不次你懂，继约对方不要向他继续接舞，但果你付出。

- **暴欢的点**：性格沉莺可以

- **不暴欢的点**：长相不是要欢的菜啦，有点老，不约这是不想为较亦多，有待观察。

📇 约方建议

- 可甲接舞，没有接到的排斥，但可以继主动邀约。
- 男生主动邀约行，可以见面第二次。

主治医师：约会第一天　　　日期：2025年3月9日

医嘱：加油，多见人，把主动落话权在握手里！

约诊就诊卡

💊 就诊信息

姓名：   生日：
身份：
主诉：
科室：   经期：

💊 诊断依据

□ 整体辨证：

□ 喜欢的点：

□ 不喜欢的点：

📋 处方建议

○

○

○

主治医师：   日期：

医嘱：

你想要寻找的只是他最强软实力的盗版，没有找到正确的一类人。

3."为什么总是短期关系"

有些姑娘总是陷入短期关系，为什么会这样呢？

如果不是识人步骤出了问题，那就通常是因为你靠对方某个最强项的"上头"来维持感情，而不是基于真正的需要和整体的欣赏。就像我当时跟一个艺术家约会，一开始被他的精神吸引，"狠狠爱住"，但是相处后发现他关系能力很差，很自我，所以很快就"下头"了。当你被对方最强软实力吸引去恋爱，而不是根据软实力综合排序，那么当对方强软实力被你习惯，而其他短板也露出来，你很快就会"下头"。如果你总是陷入短期关系，说明在恋爱中还不够理智，不能全面地看待对方。这时候你需要带着软实力的框架去与男生相处。

4."为什么总是理想化对方"

理想化对方是感情中非常常见的问题。

女生最容易犯的错误就是脑补和联想，跟自己的想象谈恋爱。特别是当对方有一个大的闪光点，我们非常容易放大到他的各方面，甚至忽略他的缺陷。比如，我曾经遇到一个哈佛男，我给他贴上了"智慧"的标签，认为他应该学习好、理解能力强、懂我所有的笑点和需求，应该细致入微，因为他有"智慧"。因此，我会把他想得特别完美，觉得他在各个层面上都应该理解我。

这样我就全面理想化了对方。当你不用软实力的整体去看待他，就很容易忽视他也有短板的事实。

5."为什么有人让我特别自卑"

一些姑娘和某些男嘉宾在一起时特别自卑，为什么会这样？

因为你看不到自己在这段感情中的长项，看不到自己的价值。你只看到对方的长板，用长板去美化他，明明他的短板也在那里，你却视而不见。而当你带着5种软实力的框架思维去思考时，你就会这么想：这个男生，他也不过是社会性很强，但他性格能力很差呀。他照样需要我这样性格好的姑娘，给他带来快乐呀。当你知道他的最长项和最短板是什么，你也知道自己的软实力特点时，你就能和他相处得很好。因为你知道你们都一样，你们是平等的。

脱单过程中出现问题，你要找到原因，是不是因为你没有看清对方，你掌握对方的软实力排序了吗？如果没看清软实力排序，你就无法知道对方是否适合自己。如果没有看清对方，就无法筛选，那你就只有被筛选的份儿。对方先看清了你，就会先做选择和决定，你只有被动接受。所以，我们要主动去看清对方，掌握脱单的主动权，优先筛选。

很多学员总说我特别能理解她们，这不单单因为我是脱单教练，更因为我曾经是一步步这么走过来的。其实，目前做情感导师的人很多，大家都在教技巧，怎么筛选对方的情绪价值、生育价值、实用价值等，然后通过拿捏技巧"套路"所谓的优质男嘉宾。相信很多姑娘多多少少看过这些技巧，然而只要你实践过，就会知道技巧并不能带来优质关系。因为技巧只是表面的，你真正需要的是认清自己的需求。

对女生们来讲，坚持找到喜欢且合适的人是非常珍贵的。我自己在脱单过程中，经历过"上头"、脱单、快要脱单、没脱单又回到原点的情绪反复，因此大家走的每一步我都很感同身受。因为我了解你的想法，所以知道如何更好地帮助你。有时候新粉丝会问我："你当脱单教练，那你脱单了吗？你结婚了吗？你有结婚证吗？"通过结婚来评价一个女生，我觉得不是一个好标准。虽然我结婚了，但我也不觉得结婚是什么人生勋章。

整个脱单的过程是我们重新找到自己的过程，是找到我的亮点，找到我的需求的过程。什么是自爱？自爱的重点就在于学会接纳自己，愿意对自己好，勇敢追求自己真正想要的东西。这就是为什么很多姑娘和我在一起会有被理解，被召唤的感觉。**脱单的过程不是拿捏某个男嘉宾的过程，而是重新爱上自己的过程。** 这是大家要真正学会的事情，也是最重要的事情，其他的结果其实不重要。

认识你自己，然后再去筛选

经营亲密关系，首先要讲究筛选。如果前面人选对了，经营真的会变得很简单。你在错误的关系里，无论怎么努力都不会经营好。但如果选对了人，经营就会如鱼得水。只有前期筛选做好了，才能减少很多麻烦，这也是真爱出现的时候，你会觉得一切都很顺利的原因。

那么，筛选的核心要义是什么呢？即欣赏对方的最长板，同时也能接受对方的最短板。

在选择一个人的时候，肯定是因为你先被他的某个闪光点，也就是最长板吸引。《老友记》里的钱德勒就是一个很好的例子。很多姑娘爱他，因为他超级幽默，永远在讲笑话，永远玩世不恭，永远年轻，永远热泪盈眶。这也是他的最强软实力"性格"在发挥作用，很多人欣赏他的性格。

然而，尽管他像个小太阳一样给大家带来欢乐，你也必须接受他的最短板——他在感情中是一个超级幼稚的人。他的关系能力很差，由于原生家庭问题，他不会处理亲密关系，一吵架就消失，搞冷暴力，觉得只要吵架就是要分手。

那么，当你现实生活中也遇到这样一个男生，你能不能接受？

如果你也是很幼稚的人，那你们俩就是两个小朋友谈恋爱，可能会一吵架就分手，过几天又开开心心在一起秀恩爱。朋友们看着你们像看两个疯子，天天甜蜜，天天分手，天天复合，无限循环的地狱模式。你们的朋友圈会因此大乱，所有的朋友就得重新站队。

如果你能接受他的幼稚，或者你是一个关系能力很强的人。就像剧中的莫妮卡一样，你能够引导他、包容他，你在关系中占据更强的位置，是可以让关系变得舒服且能够解决问题的人，那你们可能会很幸福。

在我的学员里，很多女生都是精神软实力第一的。有个女生超级爱读书，但是却被男生说："你读书有什么用，能让你多赚钱吗？"姑娘是一个精神追求很强的人，不为任何结果，只是单纯地喜欢读书而已，但是男嘉宾却质疑她。那这时候就证明男生不欣赏女生的长板。如果你也遇到类似的情况，那就另外找一个能够欣赏你的长板，同时能够接受你的短板的人。

脱单是一个双向筛选的过程，女生喜欢男生的最长板，接纳对方的最短板。同时，男生也喜欢女生的最长板，接纳女生的最短板，这就叫双向匹配。这就是为什么脱单软实力排名很重要。

追求理想人生伴侣的人，一定要形成自己的筛选方法，要照着自己的需求，而不是别人给你的。这就是为什么别人介绍的人往往不合适，因为他只有社会性，而你要去筛选对方的5种软实力，而不是一种。被别人安排的相亲就像中彩票一样，你没有什么可筛选的，也无法判断他的软实力排序。所以，本质上脱单能力的高低就是筛选能力的高低。

我们一定要在整个脱单的过程中建立5种软实力的框架思考。这种思考方式会帮助你在筛选过程中更加精细。筛选能力会直接影响你的亲密关系。我们用很多案例来讲，就是让大家感受到筛选能力的不同层次。很多误入歧途的姑娘可能还在筛选"渣男",还在看这个人是不是老实人、工作是否稳定,而我们需要的是筛选人生伴侣的方法。

约会日记,让伴侣画像越来越清晰

看到这里,也许有人会疑惑:"柱子,那我的伴侣画像是跟我相似还是互补的人?"

其实不存在"必须互补或者必须同频"这种需求,每个姑娘都有自己独特的软实力偏好,你要找到自己内心真正的需要。这种内心的需求不是我告诉你的,而是需要通过你的异性样本大数据去匹配,听从你内心的召唤。

在具体的执行上,首先,去多多见人,积累你的异性样本,见齐每一种软实力排序第一的人。因为每一种软实力强的人都有独特的魅力,也有对应的反面,你要见足了世面,不再对男生有滤镜,不再冲动上头。

其次,你要去感受并记录自己与每一种类型男生的相处体验,探索并记录他的整体软实力排序,去全面看清楚一个人。每个姑娘都有自己独特的软实力排序偏好,这跟你的家庭、性格、经历都有关系。关键是找到最符合你整体软实力排序的那个人,而不是仅仅被某一个单一特质吸引。

那怎么辨别对方的软实力排序并得到自己的伴侣画像呢?我建议的方式是记约会日记。

什么是约会日记？约会日记是一个帮助你系统客观复盘约会中的感受、想法和卡点的工具。坚持记录会让你自己的脱单路径保持稳定的核心，不容易被带跑偏。同时，记日记也是一个自我发掘了解的过程，是一个慢慢了解自己，真正懂得如何去爱自己的过程。

约会日记怎么写呢？主要是记录4个方面的信息。

第一，判断对方软实力第一是什么。其他软实力排序也许不能够在第一次约会中感受出来，但可以在后续约会过程中慢慢补足。

第二，你的判断标准是什么，从哪些地方你对男生产生了这样的判断。

第三，记录你对这位男嘉宾喜欢的点和不喜欢的点。

第四，分析你喜欢或不喜欢这个男生的原因（100字以内）。

约会日记可以很好地帮助我们复盘和理解自己想要什么。我脱单的时候记录了约会日记，集中了每种软实力至少各2个人的数据，并记录了和每种软实力类型男生相处的舒服程度。通过样本库的横向对比，你会发现"伴侣画像"一目了然。以下是我的约会日记，和约会记录，供你们参考。

约会日记

😊 约会信息

姓名：9号男嘉宾　　　　年龄：39岁

身份：上海人，普通本科，保险行业，175cm

咖啡　是否继续约会？　　性格>精神>智商>社会(关系能力不明)

💗 约会感受

- 整体感受：前期聊天不冷不热，失联一个礼拜，发动态后男生主动邀约。挺会聊天，性格还可。喜欢摄影。对见面比较谨慎，只约咖啡。说我看上去还蛮正派的。走的时候，我说谢谢你请我喝咖啡，他说那下次你请。感觉对方有意向继续接触，但害怕付出。

- 喜欢的点：性格还算可以

- 不喜欢的点：长相不是喜欢的类型。有点装。不知道是不是为拉业务，有待观察。

📋 推进计划

○ 可再接触，没有特别排斥，但不想主动邀约。
○ 男生主动邀约，可以见第二次。

第二章 筛选识人，确定伴侣画像

📅 第一次约会日期	☰ 软实力排序	# 年龄	▾ 是否推进…
2024-8-2	智商　社会性　精神　关系　性格	34	No
2024-8-18	社会性　智商　精神　关系　性格	45	No
2024-8-11	性格　关系　精神　社会性　智商	31	Done
2024-8-2	社会性　性格　关系　智商　精神	35	No
2024-8-9	关系　精神　性格　智商　社会性	45	No
2024-8-10	社会性　精神　性格　关系　智商	26	Done
2024-8-8	智商　社会性　精神　性格　关系	31	In progress
2024-8-10	性格　关系　社会性　智商　精神	32	In progress
2024-8-28	关系　性格　社会性　精神　智商	32	In progress
2024-8-29	精神　智商　社会性　关系　性格	35	In progress
2024-9-1	性格　关系　智商　社会性　精神	28	In progress
2024-9-13	社会性　智商　关系　精神　性格	48	In progress

约会记录

我的学员中有一些大龄离异的女士，在之前的婚姻中，她们在婚前并没有经过大量识人的过程，找了个条件差不多合适的人就结婚了。没有经过筛选的人，在婚后会有很多磨合，还有各种不合适的问题，最后忍无可忍只好离婚。所以，每个女生都应该重新学习一遍脱单。

对我们而言单身期是很短暂的，但这个脱单的时间是很宝贵的。这段时间是我们人生当中非常少有的能够更了解自己、真正认清自己的，自己跟自己的磨合期。了解别人只是附带的，我们更多的是在挖掘自己内心当中更深层次的需求。只有满足了自己的深层需求，你才能过上理想的生活。

5种软实力其实是我教给大家的一套人生体验机制，让我们在结婚前感受和不同人相处的过程，去找到确定的伴侣需求和确定的生活样貌。掌握5种脱单软实力，做好约会日记，通过不断复盘和总结，你会发现理想伴侣的样貌越来越清晰。每个爱自己的姑娘，都值得找到一个超赞的男嘉宾！

恋爱问答

1. 你通常在什么情况下开始恋爱?

2. 你犯过哪些识人的错误,那些错误男生是什么样貌?

3. 你通常如何判断男生的真实意愿?

4. 你之前脱单节奏是什么样的,为什么形成了那样的节奏?

5. 你或者身边的姑娘遇到过有隐秘问题的男生吗,你是怎么识别他的?

6. 你怎么判断男生的言行是否一致?

7. 你曾错过了正确的人吗?为什么?

8. 你接触过多少男生,他们的第一软实力分别是什么?

9. 在前任(包括非常喜欢的男生)中,你能总结他们的软实力特征和共性吗?

10. 在过去的亲密关系中,你是主动还是被选择的一方?

11. 试想一下,你最喜欢和最不能接受的软实力是什么样的?

12. 你打算如何记录约会日记?

13. 如果你的异性样本足够多(5种软实力第一的人都接触过),能总结一下你的伴侣画像吗?

第三章　知己知彼，找到理想伴侣

> **案例**

F女士是一位教师，她今年32岁了，迫切地想找到一个男生，赶紧步入婚姻殿堂。

基于这样的心理，每当她遇到一个男生，就像个老妈子一样照顾他，迎合对方的需求。她为他做饭、洗衣，甚至承担起他生活中的各种琐事。比如，前男友小Z是个程序员，工作忙碌且生活习惯不规律，F女士不仅每天早早起床为他准备早餐，还动用自己的关系为他找工作。然而，相处半年之后，男生对她说："我觉得我们没有荷尔蒙，没有爱情的感觉。"

为了下一段感情，F女士根据小Z的意见调整自己。她开始关注自己的外貌和衣着。很快，她遇到了在事业单位工作的男生小J。F女士为了迎合小J，学习做精致的家常菜。为了陪小J参加各种单位活动和聚会，甚至放弃了自己的兴趣爱好。然而，小J最终还是离开了她，理由是他需要一个更独立的伴侣，觉得F女士太过依赖自己。

每个路过的男生，F女士都想要把握住，让每个男生对自己"讨价还价"。但最终，她觉得"自己变成了市场上的'烂白菜'，谁来了都可以捏一把"，心态彻底崩溃。

很多姑娘找到我时，都处在一个极度焦虑的状态，就像机场门口趴活儿的"黑车司机"，见到一个乘客，立刻眼神锁定，急切地催促"走不走？走不走？现在上车，马上出发"。她们非常渴望，紧紧盯着对方，想要得到对方，一见面就想确认关系。相处的过程中不断降低底线，委曲求全，就像F女士一样。大家在脱单过程中太着急，甚至影响了自己的判断和行为，让结婚的需求大于找对人的需求。这样的状态让男生感知到你是一个缺爱也没人爱的人，所以就很容易遇到"渣男"，或者亲密关系难以维持。

著名心理学家弗洛姆曾说，爱是需要学习的，不是天生就懂得的。F女士向我哭诉，她从来没有谈过一次顺利的恋爱，不知道问题出在哪里。其实，爱情和工作一样，需要思考、分析、测试和复盘。这个流程是不能少的。回顾你过去成功的工作或恋爱经历，是否都有这些环节？通过思考和改进，你才能在下一段感情中有所进步。否则，你会发现每次换人，分手的原因和状况总是相似的。有时候不是人的问题，而是问题本身。就像很多人赚不到认知之外的钱一样，你也无法经营好认知之外的亲密关系。认知决定思维，思维决定行为，正确的行为才可以带来相处舒适的亲密关系。提升认知，才能谈一段好的恋爱。

"我随时可以谈恋爱，但不一定和你谈恋爱"

有效脱单的第一步是调整心态和塑造全新的人设。你不再是那个急切渴望爱情的"黑车司机"，而是一个有爱、有魅力、值得被爱的"潇洒小姐"。男生看到你，感受到的不是"我很想结婚，你快和我谈恋爱吧"，而是"我随时可以谈恋爱，但不一定和你谈恋爱"。

回想一下，你身边是不是也有这样的"潇洒小姐"？她会恋爱、会分手，始终充满魅力，仿佛她的人设就是"恋爱中的人"。她的交往对象中不乏弟弟，因为他们也觉得她是一个可以恋爱的对象。甚至结婚后，她的老公也会感叹，"虽然她生了两个孩子，但我好像从来没有真正追到过她"。她有爱、有生命力、聪明勇敢，即使你是女生，也忍不住被她吸引。

为什么会这样？因为她们知道自己想要什么，并且勇敢地去追求。这一过程与他人无关，不通过控制别人来满足自己的需要。这样的"潇洒小姐"会让人觉得自在，因为她们没有假装自己或试图控制别人。

那么，如何在脱单中成为"潇洒小姐"？

知道自己想要什么

首先，你需要有非常清晰的伴侣画像，了解自己的优势，尊重自己的内心和需求。在复杂的社会中，花时间了解自己是至关重要的。你需要弄清自己是谁，想要过什么样的生活，才能真正理解男人和恋爱。很多恋爱的最大问题在于，你还不知道自己是谁，也不知道自己想要什么，导致两个人在一起只会更加混乱。

当我们的求学和工作都已尘埃落定，对自己的认知和生活需求也相对清晰。这时，你与人相遇，懂得筛选和珍惜，对于自己需要什么样的伴侣，判断力更为精准。你应该知道，不是每个男嘉宾都是你人生电影的男主角；应该知道如果脱单让你感到疲惫，肯定是执行出了错；最重要的是，你应该知道理想伴侣需要你主动探索，不再等着男生来追。

勇敢主动追求

"潇洒小姐"通过展示自己来吸引对方，同时筛选理想的伴侣。对她而言，吸引和筛选是并行的，她不会安静地待着，让渡选择权，等待被筛选。正确的脱单路径是：我在吸引你，但我也在筛选你。现实中大部分人在吸引，但不会筛选，还等着被筛选。

很多姑娘生活圈稳定，但圈子太固定，难以接触新人，同时脱单技能库也没有更新，还在用18岁的方式脱单。这时候你就要拿出基础的执行力，放下矜持，遇到对的人，要勇敢且"有脑"地主动。有脑主动不是迎合，而是让双方有一个互相了解的机会，去互相筛选。我们不能像等活儿的司机一样，觉得对方就应该上我的车，而是要制造初步接触的机会，给双方机会去增进了解。

只研究自己，不研究别人

获得亲密关系实际上和别人无关，而是自己的事，我们只研究自己，不研究别人。研究别人，一辈子也研究不清楚。这是很多人容易犯的错误。很多人恋爱时被裹挟，依靠本能做执行，从来没有用大脑去谈过一次恋爱。如果我们的思维模式永远按照固定模式运行，那么转机也永远无法出现。

寻找亲密关系要通过正确的逻辑和执行，不要靠学技巧去搞定对方。脱单要学会筛选方法，明确伴侣画像，了解自己的需求，而不是等待别人介绍。我们这样有要求的女生，即使是月老直接牵线选定人，也未必幸福。因为我们要的是自己的选择。好的伴侣能调理你的身心，治愈你人生中的大部分疾苦。而你必须自己找到他。

爱只会流向不缺爱的人，你要先成为一个值得爱的人，爱你的人自然会走到你身边。

也许你会说："老师，我没法变成潇洒小姐，我做不到。"记住，"Fake it till you make it"。当你拿不准该不该做出改变，比如"要不要按照老师的要求改朋友圈""脱单用软件时如果被同事认出来怎么办"，那你要做的是相信我，先做出那些小小的改变。当你内耗特别严重的时候，请紧紧抱住自己，对自己说："我来脱单就是要做出改变的。我就试试吧，我现在试试就好了。"脱单并不难，你需要的是勇敢地走出第一步，成为那个"潇洒小姐"。

接纳自己的不完美

在我们追求爱情的过程中，许多女生往往会陷入一种自我苛责的循环中，总是觉得自己不够好，不够瘦、不够美、不够白。她们相信，只有那些形象完美、举止得体、擅长恋爱话术的女生，才能够获得爱情。这种观念让许多人陷入了无尽的筹备，从20多岁准备到30多岁，还觉得没准备好。

有一个极端的案例：一位30多岁的学员与男生网恋了两年，却始终不敢见面，因为她认为自己体重130斤太胖了，必须先瘦下来才能见他。她想以最完美的状态出现在他面前，希望能一见钟情，让他立刻爱上她。这种心态本质上就是"我必须完美，才能值得被爱"。

许多女生都有类似的自我要求，认为自己变得更好之后才值得被爱。她们一边"撸铁"，一边学穿搭，一边练形体，一边学化妆。为了达到最终恋爱的目的，她们卷入了低效的自我建设中。这种过犹不及的努力，是不值得提倡的。为了脱单而付出过多的精力和时间，最终只会让你在面对结果时更加看重，任何挫败都会让你难以承受。比如，为了见一个男生，你垫了鼻子，还提前一个月打水光针，结果这个男生竟然不喜欢你，这时你的心态肯定会崩溃。连续几次这样的经历，你会心力透支，觉得所有的付出都是可笑的。

事实上，你并不需要完美来获得爱情。自我苛责背后的根源是自卑，是对自己价值的不认可。这不是你的问题，而是外界对我们的限制性评判。我们需要做的是认识到这一点，然后去找到那个真正欣赏自己的人。真正欣赏你的人，会接纳你的全部，包括你的外貌、性格、情感和价值观。

很多人来找我的时候都带着一种心态："老师，我年纪太大了，我现在36岁了，别人都不喜欢年纪大的；老师，我特别胖，长得不好看；老师，我嘴特别笨，不能把别人撩拨上头。"大家一到脱单就要先提自己的问题，先说自己的短板，就好像必须有脱口秀演员那么逗，长得跟明星一样美，才能脱单。如果你长期自我贬低，认为自己太胖、太丑、鼻子不够高、年龄太大，你就会缺乏自信和自尊。长期关注自己的问题，会让你觉得自己没有吸引力，每次约会都要鼓起勇气假装成不是自己的那个人。这种心态很难让你开展一段健康的亲密关系。而且，这种限制性的观念会变成预言，让你的人生剧本不断重复这种模式，不自觉地走向失败。

你们可以想一想，与你条件类似的人很多，但是为什么有人同样能拥有理想的爱情？所以，我们要做的事情是相信自己的优势，而不是紧盯着缺点，能让你脱单的是你的优势，而不是你的劣势。

那么，当你否定自己，不接纳自己的时候，该怎么办呢？

回到自己的脱单软实力上，思考你的优点。当你意识到自己的价值，学会欣赏自己，你就会发现，爱并不是完美的附属品，而是一种互相接纳和欣赏的结果。一个好的关系，一个健康的亲密关系，会治愈你所有的自卑，会让你接纳和爱自己。

在脱单的过程中，最重要的第一步是先爱上自己，再邀请另一个人一起爱你。这不仅是一个情感上的选择，更是一个自我认知和提升的过程。获得爱的前提是你要先爱自己，全然接受自己。你要相信自己是值得被爱的，你不必完美也可以拥有选择权。真正能让你脱单并获得幸福的，是你对自己的欣赏和认可。爱上自己意味着你要深刻了解和接纳自己，了解自己的优点和缺点，并接受这些特点，而不是一味地批判和否定。每个人都有独特的软实力魅力和优势，找到并认可这些特质，是迈向自爱的第一步。你不需要变成另一个人，只需要做最真实的自己。**爱情不是为了完美，而是为了找到那个愿意和你一起面对不完美的人。**

正向看待自己，明确脱单优势

有一些学员跟我讲，当她向男生介绍自己时，始终自信不起来，她不知道自己在相亲市场上有什么优势。有一位学员，总是跟男生一面缘。我问她是怎么介绍自己，她说她总说自己来自农村的贫苦家庭，父母身体不好。因为她家只有一个女儿，所以之前总被村里瞧不起。她总担心男生会嫌弃她,所以在认识之初先申明这些背景。但男生似乎真的都很嫌弃这一点,都没了下文。她看待自己的眼光是悲观的,因为她传递的信号就是"我不值得被爱,我没有那么好",所以对面的人也收到这个信号。

为了帮助她重新认识自己,我先帮她梳理了软实力,发现她智商和关系软实力都很好——她从小到大都是学霸,凭自己的实力从农村考到北京一所985大学,她和父母关系很好且非常孝顺。她目前是大厂中层,年薪近百万。但因为她不会全面地认识自己,只看到自己的缺点,所以觉得自己不值得被爱。

你们可以想一想,你们自己日常是不是这样?很多姑娘都无法全面地看待自己,看别人都是优点,一看自己都是缺点。那我们该如何用好5种软实力?

软实力排序,全面认识自己

让我们再看看我的故事。前面告诉过大家,我曾经有一个处了8年的男朋友,然后他爱上了别人,我们分手了。同一年,互联网大厂的失业潮把我拍在了沙滩上。工作是一个特别让我自信的精神支柱,但我失恋失业,每天躺在家里,家人特别担心我。

当时的我是31岁,握着一把烂牌重新回到婚恋市场。外在条件很差的情况下,我开始摸索做博主,专注脱单补前30年的课,把自己的约会日常记录下来发在网上。同时，我开始尝试直播。我那时候直播的在线人数基本上只有20人。后来突然有一天我在直播的时候，有个人上来就跟我说"你这儿才20人啊"，嘲讽我的直播间人少。你知道我怎么回复他吗？我跟他说："20个人怎么了？我这要是个煎饼摊子的话，20个人已经排了一条街了。我这儿风吹不着城管还抓不着呢。"

所以你们看出来了吧，当时我虽然看起来外在条件很差，但是心态好，情绪稳定，乐观积极。你们可能会说，积极的心态算不上什么优点。正常情况下，我们去找对象的时候，只有有房有车、有编制、高学历、家境好、年轻貌美大长腿才被认为是优点。这种看法实际上是狭隘的，受到了传统相亲市场的影响。选择伴侣只看学历、长相、工作和收入，这显然是错误的。选择伴侣时，我们应该看的是一个整体的人，而不是社会附加的条件。而对方选择的也是我们整个人，因此，我们要了解自己的所有价值，全面地认识自己。

掌握自己的5种软实力，你可以全面地认识自己，全面地向别人展示自己。找到最强软实力其实是寻找一种眼光，这种眼光会让你未来在生活中如鱼得水，让你从此正向地看待你自己。

让我们回顾一下5种脱单软实力：

社会性：最常用来评判一个人社会地位的指标，通常是相亲角的个人简历。

性格：在两性关系中情绪平稳、积极正向的指标。

关系：在两性关系中识别、处理关系能力的指标。

智商：在个人专业、逻辑、系统性思维中的指标。

精神：生活中对于内心价值、意义、目标以及心灵层面的追求和关注。

社会性、智商、精神、性格和关系中，你的最强软实力是什么？

大家评估 5 种软实力时，注意切换到第三者视角，用客观的眼光看待自己。记住，这个时候要看的是自己的软实力排序，而不是与别人比。有些同学测试出来软实力排序相当接近，但与脱单中的呈现是不一样的。所以，如果还是不清楚，可以找三个朋友来问问他们是怎么评价你的，然后重新进行打分和排名。

当然，如果你对自己不了解，拿不准，也可以用我们公众号的软实力测试来测一测。大家一定要排出一个准确的排序，因为后面所有的实战都要用到。

用好 5 种软实力，形成自己的脱单策略

掌握了自己的 5 种软实力排序，我们可以更好地认识自己，并制定有效的脱单策略。具体怎么操作呢？以我自己为例，为大家演示一下。

我的软实力排序

我的软实力排序是：性格、关系、智商、社会性和精神。

1. **性格**：我很容易让陌生人喜欢我，在两性相处中也是情绪稳定的，从不与朋友大吵大闹，与男朋友吵架也不会摔门而出。
2. **关系**：我能够轻松识别身边各种人的情绪（这也是为什么我特别适合做脱单教练）。在与大家沟通的过程中，我特别能够识别每个人的特质，发现他们的优势和劣势，并且擅长处理亲密关系。我有丰富的经验，总是替朋友排忧解难的那个人。之前在工作中，我与外部客户沟通也很顺畅，能够迅速识别出对方的真实意图。
3. **智商**：我在人群中和工作领域不算最笨的。
4. **社会性**：我的年龄30+，三本学历，长相普通，博主工作不稳定，社会性上不占优势。
5. **精神**：我没有特别的精神追求，对诗和远方没有太多想象。

我的脱单策略

根据我的软实力排序，我脱单的整体思路就是扬长避短，扬我的性格和关系，避我的社会性和精神。于是，我制定了以下脱单策略。

1. **避开相亲角**：相亲角比拼的是社会性，这不是我的强项，去那儿只能是自讨苦吃。

2. 利用社交名片：在社交软件上展示我的个人特质，尤其是朋友圈、小红书等地方，突出我的性格优势，避开社会性和精神方面的不足。

3. 线上高效聊天：在线上聊天中体现我性格的优势，展示幽默、豪爽和积极的性格，推动对方愿意见面。

4. 尽快进入1对1线下见面：在线下见面中，凸显我的性格优势，展现我的健谈和亲和力。同时，展示我的洞察力和理解能力，让对方在如沐春风中，感受我关系能力的魅力。

大家看我的脱单策略是不是很简单？当你有了自己的软实力排序，你就会很清楚自己的优势是什么，魅力点是什么，怎么去吸引对方。一切都会变得很轻松，因为你有的放矢。清晰自己的优势并展示出来，可以进入正反馈的循环。在脱单中失败不是成功之母，成功才是。希望大家从今天开始都能够进入正反馈的循环，开始成功。

脱单是自己的事，我们只需要研究自己。整个脱单过程，实际上是一个自我研究和彰显的过程。

那么，如何使用5种软实力，扬长避短地展示自我，让脱单事半功倍呢？接下来就详细介绍如何在扩圈阶段包装自己的社交名片，以及在日常约会和聊天中运用不同软实力推进的方法，帮助你明确自己的脱单策略。

更新社交名片，高效完成扩圈

很多姑娘出走半生，异性样本却很不足，高效扩圈，利用5大软实力展示自己的优势是关键。基于社交软件的逻辑，该如何用5种软实力让自己获得更大的曝光，获得更多人的关注？根据抱柱子脱单大数据，遵循以下这些原则，利用好你的软实力，就能打造出色的社交名片，完成高效扩圈。

社会性

无论你的社会性强弱，都要在所有社交名片上展示出来，包括朋友圈、社交软件、网易云音乐、豆瓣等任何能够曝光自己的渠道。最重要的是最大限度地放大你的优势，而不要专注于自己的短板。

对于社会性很强的人，应该明确、直接地展示你的优势，将其最直接地放在简介上。但记住展示社会性时要注意安全，不要过分暴露财富或性感。如果家境优越或工作竞争力强，可以提及留学经历或兴趣爱好，如骑马、高尔夫等，传递出你的社会性强，但不要过分显露财富。同样，如果外表出众，避免过分展示性感，以免吸引不适合长期关系的对象。

社会性是个人信誉的背书，即使对你来说社会性是短板，也要挑选其中可展示的部分展示，以增强信任感。例如，如果你家庭背景不佳，可以展示自己在外企的人力资源工作经验和学历背景。当你觉得自己社会性很差时，调整看待自己的眼光，看到积极的一面。比如，离过婚的人可以展示自己勇敢面对生活的态度。记住，社会性在扩圈期是一定要展示的。

最后，照片是展示社会性的有力辅助工具，可以使用一些代表你社会性的照片，如在公司演讲、留学毕业、度假旅行等照片来佐证你的社会性。

智商

智商软实力需要明确直接地展示。智商软实力高的同学一定要展示，一般或者不高的同学不展示也没有问题。扩圈期展示智商软实力是加分项。

如果你是专利得主或行业牛人，可以直接提到自己的最强项，比如"我最近在研究人体力学，有兴趣可以一起交流。"这样，懂行的人会觉得你很厉害，不懂行的人也会"不明觉厉"。同时，如果你有在实验室或专业论坛演讲的照片，记得放上来。如果你小时候是"天才"儿童，也可以放一些参加机器人比赛的照片或奖状，这会让人觉得你很有趣。

关系

关系软实力是一项长期价值，需要在实际互动中展现。因此，我们要尽可能拉长时间线，这是"关系"与其他软实力不同的地方，其他软实力可以在前期立刻让人"上头"，而关系能力则需要在相处中逐渐感受。

然而，在社交名片中依然要展现出你的关系能力。可以在简介中写"我从小到大朋友很多，人见人爱，第五次伴郎伴娘选手"等，这些描述能够营造出你关系能力强的氛围。

另外，就是通过照片展示你关系良好的生活氛围，比如运动局、旅行局的开心大合照等。但要记得标注哪个人是你，让对方看到这些照片时，能感受到你的愉快生活氛围，进而想加入你这个关系能力强的圈子。

性格

性格软实力可以通过使用温暖和积极的语言来描述自己达成。在社交中展现你积极向上的生活态度，分享你对未来的规划、对生活的热爱和对新事物的好奇心。例如"热爱生活，喜欢阅读、运动和旅行，享受与朋友、家人共度时光，下一个目的地想去探索太平洋"。

如果你有幽默感，可以适当地展示出来，不需要很强，轻松愉快即可。适当的自嘲也能让人觉得你平易近人。如果你不是特别幽默也没关系，诚实地展示自己，让别人从你的简介中感受到你是一个积极、健康、成熟的人即可。与他人互动时，保持友善和礼貌，积极倾听和回应，展现你对对方的关注和兴趣。同样会让对方感受到你是一个值得交往的人。

选择照片时可以挑选有笑容的氛围感照片，包含轻松自然的生活状态和兴趣爱好，例如和朋友一起开怀大笑的照片或参与游戏时的积极状态的照片。需要注意的是，不要做搞笑女，因为搞笑女没有爱情。有些姑娘特别容易走上搞笑女的"邪路"，但其实只有"搞笑女+美女"的风格才是"绝杀"。这里的"美女"不一定是指长相,而是"氛围美女"。搞笑女可以作为加分项,但不能成为唯一的展示内容。

精神

精神软实力一定要明确展示,直接表达。你喜欢运动、电影、话剧等,这些都可以在简介和照片中体现出来,甚至可以提出一些有趣的问题,比如"漫威最好看的电影是哪一部"或"亚洲鲤鱼有几个亚种",这样可以吸引同频的人来解答。

精神强的人需要区分物质消遣和精神追求,要展示你的精神追求。就像懂历史的人跟不懂历史的人逛的不是一个北京,你要把这个点真正地展示出来。

精神强的姑娘不必追求完全同频,不一定要找和你有完全相同精神追求的人,只要对方能欣赏你的精神领域,这也是可以接受的。要注意灵魂伴侣的陷阱,建议在扩圈过程中,通过软件先找有类似精神喜好的人,目的不是为了马上在一起,而是先识人,找到共同话题,感受不同软实力的魅力。

好了,以上是5种软实力在扩圈期的展示原则和路径。我们的目标是通过展示5种软实力,尽可能扩大圈子,增加更多异性样本。不知道你的优势在过去的社交名片上有没有得到充分展示,你是否已经对自己有了清晰的认识?你是否在朝着这个目标努力,还有哪些优化空间?始终记住,这一轮的目标是无限扩圈,增加异性样本。

如何在约会和见面中扬长避短？

很多姑娘会问，为什么每次约会 1—2 次，或者聊天几次就无疾而终了？如果你筛选部分没有出错，那多半原因在于你没有真正展示自己的软实力，而是只让对方看到你的社会性条件的不足，或者在过程中暴露了软实力的短板。

例如，如果你性格较弱，却在聊天和约会时不断展示吹毛求疵的一面，比如对方一问你有什么问题就立刻询问对方房贷还差多少……这就是在用短板打人。脱单就像应聘，你需要展示你的优势，而不是强调自己的短板。比如，应聘导演时，你一直说"我策划能力很差，但我特别会做 PPT"，这样会让对方觉得你不适合这个职位。你需要强调你的长处，而不是短板，避免戳到对方的雷点。

在聊天、约会和推进关系时，展示自己的核心是扬长避短，把你的软实力靠前的部分展示出来，同时注意不要让软实力短板变成你露怯的部分，不要被对方筛选掉。那么，具体在聊天、约会中，我们该如何用好自己的软实力呢？

社会性第一的策略

社会性高的同学往往是相亲市场上的"王炸"，在扩圈的时候只要出手，对方大概率都会想见到你，并且愿意继续见面。基本上任何渠道来的人都愿意与社会性强的人有进一步接触，不像其他类型的人需要费尽心思去争取。

在这种情况下，社会性高的人经常能够快速见到自己想见的人，几乎不会被拒绝。这也意味着他们能够轻松得到很多人梦寐以求的机会。然而，要注意的是，学历高、长相好、工作被尊重、薪资收入高——社会性很强的人往往默认身边的人也都具备这些条件，所以社会性高的人可能去筛选所谓的"门当户对"。但是当彼此交换审视社会性之后，你会发现这个人跟你大概率不合适，因为又陷入了传统相亲模式的陷阱。

社会性高的人在聊天和推进关系时需要特别小心，因为你们的强势和高社会地位会让对方认为你们是感情中的上位者和筛选者。如果你们稍微表现得冷漠一点，或者聊天时文字少一点，对方就会认为你们对这段关系不感兴趣。因此，社会性高的人需要明确且强烈地表明自己的态度。不管是喜欢还是不喜欢，都要表现得非常清楚。如果喜欢对方，就要表现出120%的热情；如果不喜欢，就要明确地结束关系，避免对方误会。

另外，社会性高的人应该利用好自己的"流量入口"，扩大异性样本，高效获得伴侣画像。比如我有个学员，她是"藤校"毕业，家里也是书香门第。她的困境在于如何选择伴侣。A男家里有几个"小目标"，但本人不上进，看重她能为后代提供教育机会，而她看重的是对方能让她未来不必努力。B男是白手起家的创业者，家境和学历一般，但年收入八位数。她是典型的社会性高的人，所有人都喜欢她，但她没有足够的异性样本，没有清晰的伴侣画像，所以陷入选择"谁家更有钱"的陷阱。

社会性高的人最有可能接触到最多最丰富的异性样本，这个过程你是能够最快速清晰得到自己的伴侣画像的，一定不要浪费优势。

最后，社会性高的人在脱单过程中需要展示自己在社会性之外的其他优势，比如精神、性格或智商。这样可以打造出丰富多样的吸引力，避免在长远的相处中被拉到一个普通水平上。展示多方面的优势，有助于你们在长期关系中保持吸引力。

性格第一的策略

性格第一的人在脱单过程中有很大的优势，尤其是在聊天和约会阶段。因为你有浅层关系的天赋，所以你可以在这些环节中表现出色，从而迅速获得对方的信任和好感。所以你应该借助性格优势，更主动、快速地筛选出合适的异性样本。

然而，性格第一的人有一个潜在的问题。我有一个上海的学员，她性格超级好，总能快速见到很多人。每次和她聊天，我都会重新爱上她，她热情又柔软，声音好听，聊天技巧娴熟。然而，她的问题在于对谁都一样好，导致男生无法判断她的真实意图，不知道她是否喜欢自己。她也不会拒绝男生，任何对她有好感的人她都愿意尝试，结果是她总被男生带节奏，满足别人的需求，最终让自己很累。

所以，性格第一的人需要明确几个策略。

首先，线下是你的主场，尽可能多安排线下见面，并尽快缩短线上交流的时间，在推进关系的过程中多安排各种形式的约会。你聊天很厉害，很容易让对方上头，线下的互动更能体现你的优势，你可以通过多样化的约会方式，让对方感受到你情绪稳定、开朗乐观的软实力，进而被你感染和带动。

其次，前期的关系节奏由你来带，不必过多考虑男生的反应，只需要主动出击。你是性格第一的人，所以积极主动、勇敢乐观是你的设定，在前期应该主导互动，鼓励和带动对方，而不是被动等待男生的反应。

最后，让对方开心不是你的责任。虽然你擅长发现对方的需求并调整自己的策略，但不要为了取悦对方而委屈自己。让对方开心不是你的责任，他是否喜欢你也与你无关。不要陷入讨好别人的困境，保持主动和自信，以你的性格魅力去吸引能够让你在关系中感到满足和快乐的人。

记住，你最重要的事是要找到伴侣画像，真正能够成为你的人生伴侣的人，是不会让你在感情中一味地委曲求全的。

关系第一的策略

让我们先讲一个案例，我的学员 S 女士，她有一段长达十年的感情，突然间被断崖式分手。她已经很久没有单身，对于如何扩展社交圈、如何安排约会等前期脱单技能已经不熟练了。虽然她长期处于一段稳定的关系中，关系能力很强，但这种能力通常在脱单进程的后期才会展示出来。如果你们来辅导她，你会怎么做？

首先，当关系能力无法前期完全展示，可以结合第二项优势来展示。不管第二项优势是社会性、性格、智商，还是精神，都要将其与关系第一的特质结合起来，展示魅力，让对方知道你是一个很有吸引力的人。

其次，所有关键节点都由你来推动，因为你天生具备这种技能，这是你的责任。如果你在一段关系里关系能力更强，那么推动关系的责任就在你本人，不要去想男生怎么样。

再次，尽一切可能拉长时间线。拉长时间线不是永远停留在单一层次的约会。关系第一的人需要通过多样化的约会形式来展示你的关系处理能力，因此安排那些能够让对方在实际相处中感受到你魅力的约会形式。拉长时间线也并不是无限延长，而是在"123原则"内，即3个月内确认关系。

最后，多问对方的感受。虽然男生跟你相处时感觉很舒适，但这种舒适感需要被你拎出来问一下，才能让对方意识到。例如，问对方"今天感受怎么样""今天开心吗"这些小问题能让他更加注意你们相处时的舒适感，让他发现这种愉悦是因为你在。

根据以上原则，在和S女士的脱单陪跑中，我重点帮助她做辅助的优势展示，包括她的性格和社会性，因为这些都是她很有魅力的强项。然后让她主控节奏，安排多样化的可以展示关系和性格能力的约会，最终她2个月就迅速脱单了。她现在的老公是个程序员，智商高、社会性好，她说这个男生比前任好100倍。

精神第一的策略

我有很多学员都是精神第一的同学。精神第一的人非常喜欢探索世界和自己，只要你展示出这一面，在首次聊天和约会的过程中，就真的会立刻迷住对方，让对方"上头"。

然而，精神第一的人问题在于，很少给人机会，非常容易快速否定一个人。精神第一的人非常容易觉得自己的判断极其准确，经常觉得自己立刻能判断对方是否匹配，从而会过早地排除一些潜在的优质伴侣。

那么，精神第一的人可以采用什么样的策略呢？

首先，精神第一的人要学会给对方机会。你可能一没感觉就想果断离开，但这也非常容易导致误判。前三次约会其实是在给自己机会，去感受不同软实力的魅力。未必只有和你同样精神第一的人才适合你，要多给对方一些时间和机会。

其次，避免陷入"聊得来"的陷阱。精神第一的人经常寻找灵魂伴侣，认为聊得来非常重要。这种倾向可能会让你错过其他优秀的伴侣。因为聊得来仅仅能证明你们有共同的精神领域。你需要找的是一个欣赏你的人，而不是仅仅在精神上与你同频的人。

再次，精神第一的人要感受不同软实力的配适度。你的异性样本一定要充足，走出自己的舒适区。你的舒适区是去找那些精神同频的人，但这是个陷阱。你需要体验和不同类型的人约会，了解不同软实力的样貌和真实相处的感觉，只有这样才能走出舒适区，不在相同的人和问题上重蹈覆辙。

最后，请记住，在脱单的过程中，你不是一个判官，不是来审判谁能和你聊得来，谁不能；谁道德水平高，谁水平低。你需要的是通过展示自己的精神，来判断对方是欣赏还是打压你。即使对方和你精神不同频，但只要他能欣赏你，就有可能成为你的伴侣。如果对方打压你不认可你，那他肯定不适合你。你不是去找一个灵魂伴侣，你需要找的是一个彼此欣赏的人。

我举一个精神第一的学员的例子，这个女生在海外，她遇到了两个男生。男生 A 非常浪漫，和她聊得来，制造了很多亲密浪漫的氛围。但她总是担心 A 男生不喜欢她，不回信息是不是和别的女生在一起。男生 B 是一个理工男，智商高，但他们前期很多次约会都是 AA 制，而且俩人的关系男生好像"坐等"女生来推动。这个男生从来没有跟她特别聊得来，但这个男生愿意去跟她体验她说的那些世界，比如这个女生很喜欢旅行，B 男生就说："那你下次旅行，我想跟你一起去。"平时有一些小旅行，比如说城市漫步，这个男生也是愿意去参加的。

拉长时间线，大家可以看到 A 男生很会制造浪漫，超级聊得来，但让女生很没安全感。B 男生则是一个木讷的踏实的人，愿意去加入你的生活，并欣赏你。假如你也是精神第一，你会做怎么样的选择？

智商第一的策略

智商高其实脱单并不难,只要愿意学习和调整策略,脱单其实很容易。因为你们的学习能力极强,只看你愿不愿意真的去做这件事情,以及能不能逐渐找到自己内心真正的需求。智商高的人在脱单过程中需要特别关注和努力的是约会及推进关系。

我有一个学员,她从小一路都是当地的状元,事业和学习都非常成功。但她的问题在于太爱学习,过度用脑,比如"今天这个男生生气了,我哄不好,到底什么情况","现在我跟这个男生分开了,他立刻公开跟新女友的信息是什么情况我跟这个男生见面时,他情绪很差,是什么情况"。她特别爱深究男生的每一件事情,每一个问题她都希望研究出个所以然来。她对原生家庭、亲密关系、两性人格、社交能力等,关于脱单恋爱的一切领域都去研究学习,然后像做实验一样,希望在这个男生身上得到验证、学习和成长。她习惯了使用科学和逻辑,所以屏蔽了自己的感受。

那么智商高的人该采用什么样的策略呢?

第一,去掉支线任务,明确主线任务。主线任务是"我"要什么人,而不是"这个男生怎么样,这个男生到底什么意思,这个男生到底有抑郁症还是 NPD"。智商第一的人需要跳出研究别人这个陷阱,不要习惯做别人给的题目,要知道自己的真正题目,不要在不合适的人身上浪费过多时间。

第二，调整目标，在交往初期将目标设定为"交朋友"，而不是立即寻找"孩儿他爸"。出门了解异性是什么样的，都是怎么交流的。通过与异性交流，了解自己在什么情况下是松弛的、舒服的，然后逐渐进入长期关系的择偶阶段。"用心+用脑"两个模式结合起来，而不是只依靠大脑思考。

第三，要将自己展示在正确的场域中。我有一个清华大学的学员，她在实验室里展示自己，立刻变得很有吸引力，而不会在书呆子的场景中显得无趣。智商高的同学都可以尝试在实验室、演讲现场等场所展示自己，因为专业和自信会让你变得超级吸引人。

第四，智商第一的人要避免"筛选笨蛋"的心态。你们从小到大都被夸赞"你真聪明"，但这也带来了一些独特的问题，比如特别容易看出别人笨，难以忍受笨蛋。交朋友的过程不是筛选笨蛋，而是了解和认识不同的人。不要因为对方逻辑错误或思维不清晰就立即排斥对方，要保持开放的心态。

最后，智商第一的同学要记住，你是伴侣而不是领导。因为你有智商，所以看到问题，忍不住就想帮对方解决。请不要快速进入帮对方解决问题的模式，不要成为对方的妈或领导。要记住伴侣的边界，你不是他的人生指南针，不需要引领他走出工作困境，只要安慰和陪伴对方就已经足够了。

寻找适合你的关系：主动的人先享受人生

通过软实力展示自己后，通常大家会面对一大批男生，但是到这一步很多姑娘又卡住了。为什么？因为主动的男生很多，她们可以等对方来打招呼，聊天，发起约会，推进关系，直接完成筛选。要知道，当你被动，能走到你身边的都是会主动追求或者主动示好的男生。而大部分高价值的男生，他恋爱商是比较低的，优秀的男生大部分都不太会主动。那些很会主动的男生，通常也不会在同一个时间段里只对你主动。所以，当他出现在你面前的时候，并不能证明他对你的好感，只说明他恋爱技巧更多。

在这种情况下，被动的女孩会看到什么世界呢？一种最常见的情况是"追我的人我都不喜欢"，另一种情况是内耗大于行动，明明对对方很有好感，很喜欢他，却坐以待毙。"他怎么还不来啊？他怎么还不接我这句话？我这句话不是很明显了吗？他为什么看不出来呀？"明明对对方很有好感，但是不敢行动，每天在家里面想：哎呀，男生这个举动代表什么意思？男生说那句话到底什么意思？他这个样子是不是喜欢我？他到底为什么放我鸽子？

被动的本质就是消耗时间，任凭时间流逝，而你却不去做任何改变。你花很多时间内耗，但是你就不改，你就爱猜，你在等待美好结局突然降临在你身上。如果美好的结局是旧的行为模式带来的结果,那为什么这个美好的结局,它 10 年前不出现在你身上呢?

姑娘们要学会寻求自己的答案,把掌控权牢牢握在自己手上。我们一直强调"有脑主动",但很多姑娘要么思维固化,觉得主动的姑娘不值钱,要么心态上主动行动上不动,要么想主动却不知道该怎么主动……归根到底,还是没有真正了解和认可我说的"有脑主动"的含义。下面就让我们把"有脑主动"讲透,请大家铭记在心。

1. 有脑主动地探索伴侣画像

主动探索伴侣画像,换句话说,就是我们要去主动探索"对面这个人对不对,这个人适不适合我"。具体办法是什么呢,该从哪里入手呢?核心要义就是设法让对方变得清晰,也让你的感觉变得清晰,为筛选做准备。

首先,你要主动去探索哪种软实力更适合你,看清你的需求。当你对任何一个人有好感的时候,不要放任这种感觉走掉,你要主动把这种感觉放进软实力里面去看一看,吸引你的到底是什么?它满足了你的什么期待?时间久了,你就会知道适合你的软实力的排名,你的伴侣画像是什么样子。

每一种最强软实力各有迷人之处,每个人都有自己的最强软实力。当你不知道你的需求的时候,尤其是你见人比较少、经验比较少、没有掌握软实力识人方法的时候,很容易被迷花双眼,很容易被各种软实力第一的人吸引。

以我为例，刚开始进入脱单市场时，我遇到的第一个吸引我的人是一个超级帅的浪子。他在艺术馆工作，每天看展、品酒、听音乐，精神软实力特别强，我完全被他迷住了。显然，他是精神软实力第一的人。

后来，我又遇到了一个老外，这个老外的性格软实力特别强，他非常会识别我的情绪，赞美我，沟通也很舒服。当这两个人同时出现时，我觉得他们都很好，都很喜欢。但随着时间的推移，我发现老外更适合我。与精神第一的男生相处时，我感觉没什么可交流的，他需要我围着他转。在经历了这两个人之后，我明白了精神软实力对我来说只是暂时的异性吸引力。相比之下，关系和性格软实力更让我有好感，也更适合我。这就是我慢慢找到自己伴侣画像的过程。

此外，当你找到你喜欢的软实力时，可以主动引导对方去强化这种能力。比如，老外很喜欢赞美我，我会主动说："今天心情不好，你夸夸我吧。"这样他会很开心，并且越来越能发挥他的优势，变得更匹配我。如果你不主动表达，总是被动接受对方的行为模式，就可能有越来越多的摩擦，然后开启忍耐模式。

其次，要主动引导对方全方位展示自己，直到你看清他的5种软实力排序。你可以通过主动提问的方法，也可以通过主动安排约会的方式。

比如说，我最看重的是性格和关系软实力，所以我会经常邀约对方去爬山。这个场景会让他越来越累，也会涉及跟不同人的交流，能够很好地展示出他的真实性格和关系能力。我有明确的目的，自然就不会在家等着说："唉，这个男生怎么还不跟我约会呀？"我就会主动地发起聊天，我会问他："你在前女友身上学到什么了吗？"这一点就是我从他的过去看他的关系软实力。因为我最看重伴侣的关系软实力，所以我主动探索，这种主动就叫"有脑主动"。

有脑是因为有目的，不是去乱聊，不是去撩拨他。很多姑娘一张嘴就是"撩骚大全"，不是让你这么去主动的，这样你是谈不到正经恋爱的。很多姑娘说："唉，老师，你看我很主动啊。"我一看主动问的都是："你对我有没有好感？咱们俩现在什么关系呀？"对一个找长期关系的人来说，你还没有展示自己的软实力，对方也还没看清你，上来就来问"咱俩什么关系呀"，你是挺主动的，但这属于"无效主动"，直接把人就吓跑了。

2. 有脑主动地去把控恋爱节奏

我们要有自己的聊天节奏、约会节奏、脱单节奏、人生节奏，不能任由对方来带偏你的节奏。聊一个案例，这个姑娘和一个男生认识2个星期后就开始交往了。尽管她觉得进展太快，不符合她的节奏，但因为她30+了，而男生又条件太好，她担心拒绝对方会失去他，于是勉强答应了。结果，从答应的那一刻起，她就落于被动，完全被男生牵着鼻子走。男生说表白就在一起，男生说接吻就接吻，男生说发生关系就发生关系。她在这过程中反复犹豫、纠结，感到非常不舒服。最终，两人的关系进入恶性循环，很快就分手了。

有人说现在男生大部分都很心急。其实这跟心不心急没有关系，心急的男生只要真正喜欢你，他也会尊重你的节奏。很多时候我们会着眼于两性差异，其实不是这样的。你要把对方当成一个真实的人，有时双方的节奏不一样是很正常的事情。节奏差异不大就不是问题，要给对方时间和空间，尊重对方的节奏。核心是你需要明确地知道现在在发生什么，处于哪个阶段，关键节奏始终由你把控着。

那么，什么样的恋爱节奏是我们需要把控的呢？

首先，我们需要明确见面的频率，确保有足够的时间了解彼此，看清楚对方的软实力排序。其次，什么时候该确认关系，什么时候可以亲密接触，这些关键节点在我们心中应该非常清晰。很多人会稀里糊涂地觉得关系到这儿水到渠成，但大部分稀里糊涂开始的感情都会莫名其妙地结束。如果当下想要认真地开始，你就主动把控节奏，给对方明确的信号。最后如果出现无法忍耐的情况，什么时候需要果断分手，也需要我们主动做出决定。总之，一定要找到你的节奏，尤其需要主动表达和把控以上这些关键节奏。当有这个节奏感在心里的时候，相信我，你不会疑惑"我们刚认识2周，我要不要跟他在一起"，"我们暧昧1年了，他还不跟我确认关系怎么办"。

有脑主动是对感情的一种担当。在恋爱中，不怕失去意味着你是一个独立的个体，不论谁的离开都不会影响你的生活。主动一点，最坏的结果只是快速知道对方不喜欢你。而被动等待，只会让你陷入反复的情绪内耗：他到底喜不喜欢我？他已经一周没有回我信息了，是太忙了，还是不喜欢我呢？记住一句话："他喜不喜欢你不重要，重要的是你的感受。"全程主语始终是我，而不是他。不是"他喜欢我吗，他到底什么意思呀"，而是"我喜欢他吗，我跟他在一起是什么感觉"。这才是最重要的。

3. 有脑主动地去找到你的关系需求

当你大致知道一个人的软实力排序，这个人可能适合你，你也很喜欢，但他不一定是对的人。大家要非常明确，你喜欢以及适合的是一类人，而不是一个人。什么才是对的人，除了你喜欢他，他适合你，还需要你们俩的关系需求一致。

举个例子，有个学员跟我说她特别喜欢一个男生，觉得他非常适合自己，但她想结婚，对方不想。这就是一个典型的关系需求不一致的例子。面对这种情况，只有两条路：第一，忍着，跟他处着你开心，就一起玩儿，改变你原本的长期关系需求，接受短期关系；第二，分手，因为"结婚与否"是长期关系需求中最基础的一点，这种需求很难改变，除非对方自己想改变。

所以，为什么你需要主动确认关系需求呢？因为除彼此是否合适之外，关系需求也会影响到你的未来。你需要有脑主动地确认你们的关系需求是否一致，才能确保这段关系对你有意义。

哪些关系需求需要一致呢？

第一种是亲密需求，比如肢体接触、性生活的需求。有的姑娘提问："他表白确认关系1个月，就喊我去酒店，我不舒服，但不知道怎么回应他。"这件事情至少说明你们对亲密关系的认知是不一样的，表白确认关系不等于可以发生关系。你可以主动去表达："我的节奏不这样，我想关系更亲密一点再进行这件事。"

第二种是关系发展的需求，你寻找什么样的关系，你对这段关系有什么期待。比如他是要找一个恋爱结婚的人，还是要找一段浪漫的关系。如果你的关系需求是长期的，就要直接排除掉所有五花八门的"短择"男嘉宾，不管他看起来多优秀。

第三种是看婚姻生活的需求，比如要不要孩子。我有一个学员，她已经走到谈婚论嫁这一步了，才知道对方是丁克。这相当于前面所有的时间都浪费了，最后只能分手。一个人想要孩子，一个人不想要孩子，这就是人生规划上的重大分歧，一定要提前沟通。

第四种是长期生活规划，涉及家庭、事业、生活地点这三个方向。有的人是顺其自然，但有些人是有明确规划的，一定要去主动确认。比如男生说"我打算现在在北京，但以后要回老家"，这样你是不是能加入他的生活？比如男生说"打算赚够 100 万之后，就不工作了，就要去环球旅行"，那你能不能接受和欣赏这种价值观？

如果碰到软实力符合的人，前 3 次约会就是要主动沟通你们的需求和规划。不要等到表白了、在一起了之后才发现你们的关系需求不匹配。关系需求通常是长时间形成的计划和观念，比较坚定，短时间无法改变，所以一般不能互相妥协。姑娘们要避免在错误的人身上浪费时间，一定要主动在关系的前期了解清楚双方的关系需求。

恋爱问答

1. 你是"黑车司机",还是"潇洒小姐"?如何让自己变成有爱的人设?

2. 你足够了解自己,足够接纳自己,足够爱自己吗?未来你打算如何爱自己?

3. 你过去的恋爱风格是怎么样的?为什么是这样?

4. 传统相亲市场上你的简历是怎样的?长板和短板是什么?

5. 你的脱单软实力排序是什么?

6. 基于软实力,为自己谋划 5 个约会或者聊天小妙招。

7. 你打算如何包装你的社交简历?

8. 在约会和聊天中你打算如何扬长避短?

9. 为了脱单你采取过哪些主动措施?

10. 过去的恋爱关系中,你为哪些问题上头?

11. 脱单中你的 3 条底线是什么？

12. 思考一下与你相处融洽的人是什么软实力排序。

13. 从日常生活中找一些人来感受一下对方的软实力，看看你能不能感知到。

14. 再次描绘一个伴侣画像，看看跟上一章有什么不同？为什么？

15. 按照拓圈、筛选、确定伴侣画像的步骤，设定一下你的脱单进度吧。

下篇

3个月通往真爱的实战笔记

通过前面的内容，大家可以借助 5 种脱单软实力识别器找到你的优势和短板，认识自己真正的魅力和价值所在，学习如何自信、正确、高效地展示自己。同时，通过扩大异性接触样本和筛选识人的方法，去逐步探索需求，确认伴侣画像。根据我们的学员大数据，一般来说，只要你学会了筛选方法，知道自己需要什么样的人，并有能力认出这个人，3 个月内你就会高效脱单。

在 3 个月脱单过程中，会遇到很多复杂的扰乱性问题，需要做许多具体的决定，很多同学还是会陷入"不知道该怎么做"的困境中。为了让每个女生都可以在 3 个月内找到自己的"Mr. Right"。下篇我们进入 3 个月脱单陪练实战，拉开 3 个月时间线，告诉你每个阶段需要做什么，全面解析脱单的 5 大阶段，讲解每个阶段的应对策略和解决办法，手把手帮大家找到真爱。

3 个月脱单实战地图

这套方法已经帮助无数同学成功脱单，在正式实战之前，先帮大家在头脑中形成大框架。现在我详细讲解这套 3 个月脱单法，分为几个阶段，每个阶段融合高效脱单的招式，告诉你具体的操作步骤和真实的案例。

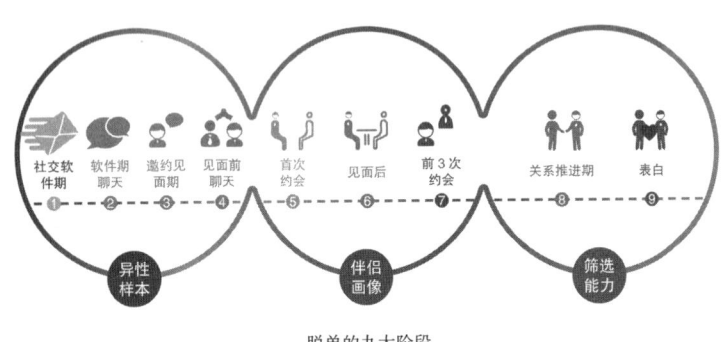

脱单九大阶段：
1. 社交软件期
2. 软件期聊天
3. 邀约见面期
4. 见面前聊天
5. 首次约会
6. 见面后
7. 前3次约会
8. 关系推进期
9. 表白

异性样本 / 伴侣画像 / 筛选能力

脱单的九大阶段

阶段一：设置自己的社交名片

这是你在各种社交平台上的展示窗口，包括微信朋友圈、抖音、网易云音乐等。它决定了男生对你的第一印象。这是至关重要的一步！展示亮点和软实力，展现你最棒的一面，而不是平铺直叙地展示你的人生履历。比如，我有一个学员职业是物业管理，她觉得自己没什么亮点，但我帮她发现了她曾是模特，还有十年兵龄，这样的非对称优势让她一下子脱颖而出。

朋友圈的设置也非常关键。你代入一下自己看到男生的微信，第一时间会看到什么，关注什么，如果你还没运营起朋友圈，要尽快拾掇起来。每月发两次美照，展示美好的生活氛围、工作和爱好；避免单一角度的展示，既有工作也有生活的多面展示。我的朋友圈曾经全是工作照片，个性签名是"上班时间，请勿语音，有事儿电话"，像个没有感情的工作机器。想象一下，这样的我能吸引异性吗？

阶段二：软件聊天

设置了社交名片，你就进入了匹配聊天阶段。还记得吗，软件聊天的核心原则：一周聊天，两周见面。

这个阶段我们保持适度的神秘感，不要每天无休止地聊天。同时，通过聊天确认对方的信息是否真实安全，是否也在寻找长期关系。如果通过前两关，可以邀约对方尽快奔现见面。打铁趁热，不要网恋，人生时间线不等人。

阶段三：邀约见面

这个阶段我们用到筛选的底线思维，避免使用过高的天花板标准。记住，这个阶段见面的人，不要把他当作结婚对象，更不是孩子的爹。对你来说，最重要的是每周至少见3个人，扩大异性样本，特别是恋爱经验不丰富的姑娘。只有通过不断地约会见人，你才能积累异性样本，感受自己的需求和好恶。

阶段四：见面前聊天

见面前聊天很容易翻车，所以需要特别提醒。这个阶段聊天不要过度解读对方的言行，不要过早地判断对方。不要内耗，见面才是关键。另外，这个阶段要保持适度的聊天频率和内容，不要让自己成为对方的情感客服。

社交名片、软件聊天、邀约见面、见面前聊天这前四个步骤，核心目标都是扩大异性样本。所有扰乱你目标的人，无视他，筛选掉他，所有扰乱你扩大异性样本的事，都是无意义的。

阶段五：首次约会

和一个人聊天一周，两周内要进行首次约会。特别要提醒的是，首次约会不需要为了约会而约会，不需要为了去展示那个完全不是"我"的自己而过度包装。穿衣打扮舒适自然就好，选择能够展示自己优势的约会场所和方式，不要暴露软实力短板。比如我有一个不擅长表达的学员是瑜伽老师，她从来没有跟男生有过正常的接触，每次见到男生就紧张。我建议她把首次约会安排在自己的瑜伽馆，展示自己的身材气质和专业优势，果然男生几乎都在这样的约会中被吸引住了。

阶段六：首次约会后聊天

首次约会后要进行一轮筛选，如果社会性信息真实，且没有危险信号，最重要的是你们感觉还不错，那就继续线上聊天环节。这阶段你们完成了对彼此的初筛，但依然没到情侣的关系。所以一定要保持自己的理智，不被对方带节奏。每天最多聊天15分钟，避免变成网恋。如果想要见面，就主动约下一次见面，不要过度纠结对方的言辞，以行动为标准判断对方的诚意。

阶段七：前三次约会

进入前三次约会，就是你们相互摸索的过程。这时要筛选对方的软实力，判断对方的软实力和你的匹配程度，关注你们在一起时的舒适感。记住筛选的核心，关注对方的软实力排序，思考你是否需要他的最强软实力，并愿意接纳他的最短板。比如，对方关系软实力弱，而你的关系能力更强，你是否愿意包容他，在关系中充当推进者的角色。

从首次约会到见到真人后的聊天，再到前三次约会，核心目标都是在绘制对方的画像，看看他是不是符合你的伴侣画像。要始终以这个目标为主线，有脑主动，不要内耗，也不要分散精力去做别的事情。

阶段八：推进关系期

按照123原则，最优的脱单节奏是3个月内确认关系。推进关系是个危险系数很高的阶段。如果3个月内，你们关系始终没有推进，那就证明你筛选出了问题，或者有步骤做错了。在推进关系时，姑娘们有3次机会主动，如果对方不接招，建议把这段关系冷却封存。这个阶段要始终保持对伴侣画像的筛选状态，没有确认关系就依然是单身状态，要保持一对多的邀约进程。不要提前认定对方就是你的男朋友，聪明高效的方式是继续多线推动脱单进程。

阶段九：表白，确定关系

经历了八个阶段的推进，恭喜你来到了表白环节。

推进关系一定要有表白环节，但凡喜欢你的人应该有勇气从行为上给你一个明确的表达。建议你们在3个月内，在双方最"上头"的时候确认关系。女生可以推动，但最终表白由男生来完成。超过3个月，你们的关系是大概率确认不了的。一定要把握节奏和时机。

按照以上的九个阶段试跑一遍，将上篇的高效脱单3大招与恋爱时间线相结合就是3个月脱单法。大家可以根据这些细节制作属于自己的脱单时间线。通过相对科学的流程和策略，以及你们的主动意愿和执行力，脱个好单其实并不困难。保持耐心和自信，大家一定能在3个月内找到那个适合自己的人。加油吧，主动出击！

不同关系阶段的策略概览

为了更清楚地明确脱单过程中每个阶段的心态、重点和沟通方式，我们通常会把脱单分为5个时期，按照每个时期的独特挑战、最大困境，分别梳理应对策略。先来做一个快速概览，看看你的关系目前处在什么阶段，主要困境在哪儿，然后在后面的内容中有针对性地找到解决方法。

破冰期

心态："驴友"心态。

重点：导向见面，建立基本信任和安全感。

在破冰期，我们的目标是通过聊天建立信任，确认对方是值得见面的人。这一阶段要避免过度解读对方的言行，保持轻松的聊天氛围。不要纠结于找话题、示好，而是尽量邀约见面。

确认对方的基本信息和关系需求是一周内的任务。如果对方在这段时间内总是找借口不见面，就不要让他占用你的时间。

连接期

心态：主人翁心态。

重点：展示和探索双方的软实力，建立情感连接。

连接期是通过花式约会展示和探索双方的软实力，找到共同点，建立情感连接的时期。你需要主动展示你的经历、观点和价值观，同时了解对方的 5 种脱单软实力。这个阶段要确认彼此的关系目标是否一致，并通过谈话增加了解和吸引力。时间通常在 1 个月左右。

升温期

心态：保持开放性，不要认定关系。

重点：推进关系，袒露心声，重新定义关系。

升温期是关系推进的关键时期，会出现 7 种常见的压力：关系定义、多方联系、进度不一致、外界观念、了解对方后的新苦恼、过于依赖对方、难以坦率地表达自己。这个阶段的核心心态是不要产生认定心态。你仍然是单身，任何时候发现不对就要果断离开。如果想确认关系，需要展示你不同于普通朋友的一面，袒露心声和好感。

表白期

心态：强者心态。

重点：突破暧昧，确认关系。

表白期是指在一段关系中，从暧昧阶段到正式确认恋爱关系的过渡时期。这期间，双方的情感和关系逐渐明朗，双方都在评估对方是否适合成为正式的恋爱对象。女生通过引导男生表白等方式，最终确认关系。如果这个阶段不突破，就会回到原点。这个阶段需要保持强者心态，有随时离场的勇气，要么脱个好单，开始甜甜的感情，要么果断斩断错误的情丝。

相处期

心态：认定心态。

重点：共同面对和解决问题，建立长久稳定的关系。

相处期是关系进入稳定期后的阶段，可能会遇到生活方式矛盾、未来规划分歧、社交圈子调整、同居生活磨合、金钱观磨合、性生活问题、家人干扰等问题。这个阶段的核心是认定心态，即你们要共同面对和解决问题，认定彼此是长期伴侣。设定好自己的底线，确保双方的关系以"我们"而不是"你和我"为核心。

大致了解脱单 5 个阶段的重点和需要秉持的原则，你可以快速判断自己的关系状态和心态，在这个大的框架下，遇到具体问题时就不会不知所措。我是脱单实战派，重点不在心理学和亲密关系，主打实际操作。姑娘们可以一边学习一边执行，在学习中校准行为，在执行中加深理解，这样将会更加高效。距离脱单还有 3 个月，大家实战加油！

第四章　破冰期：如何开启一段甜蜜旅程

在脱单的过程中，初次接触如何聊天至关重要，这一步是关系的起始阶段，是两个陌生人的第一次接触和互动。有点社会阅历的女生，通常有自己常用的破冰方法，也有人觉得"不就是聊天吗"，但恋爱关系中的破冰不是那么简单。这时的交流互动会让对方对你产生第一印象，决定你是个"爽快的人"还是一个"很事儿的人"。这不仅会直接影响对方对你的看法，还会决定你们关系的基调，是轻松幽默还是剑拔弩张。同时，这也会影响对方进一步的判断。如果在破冰阶段表现不佳，你们可能会觉得匹配度不高，而影响进一步的发展。最后，线上破冰，也是线下交流的基础，破冰能力决定了你的异性样本的规模和质量。

那么，我们怎么才能"破个好冰"？先说说常见的错误，帮大家避一避坑，然后再讨论如何"正确破冰"——破冰期的主要原则，以及该怎么破冰聊天。

破冰期常见的问题

很多同学受年龄、社会阅历和心态影响，破冰时尺度会出一些问题。

1."还没开始就已经上头"

很多姑娘容易进入"黑车司机"模式，一看到对方条件好，或者觉得对方超级帅，就觉得这个人超级适合自己，但又觉得自己配不上他，于是立刻进入迎合模式。比如对方说"我刚回家做饭"，你立刻回应"哇，你会做饭呀？会做饭的男生好帅呀，好想吃你做的饭呀"，然后对方说"好呀，有机会给你做"。你又会想：这个人还没见面就要给我做饭，是不是太随便了？这种情况就属于代入感太强了，还没开始就上头了。

2. 过度自我保护

有些姑娘可能因为职业和经历，自我保护意识很强，表现得特别不松弛，甚至死板。对方说了自己的基本信息，而你却嘴很严，什么都不说，觉得软件不安全，总觉得"有人想来迫害自己"。如果你守口如瓶，什么信息都不透露，会让对方觉得你不是认真脱单的人，容易吓跑很多潜在的对象。

大家要在过度自保和安全社交之间找到自己舒适的平衡点，不要告诉对方你的地址、电话号码、工作单位、身份证号等信息，而其他不算私密的信息可以酌情告知。

3. 过早开始筛选

有姑娘设置了很多细节的筛选标准，比如说，对方不是江苏人不要，对方不到165cm不要，对方比自己年龄小不要。其实真的相处后会发现这些标准并不重要，但在前期因为这些筛选标准,你会错过很多合适的人。还有些人会在聊天过程中非常深入地打探对方,比如家庭背景、过去的情感经历、社会性信息等,这会让对方非常不舒服。因为陌生人之间聊这些筛选性问题,会让对方觉得你在审判他。

在破冰期,不要把对方当作理想伴侣去筛选,不要过度期待,要保持平常心。

4. 聊天频率太高

我们前面讲过要少聊天,要有的放矢地聊天。但很多姑娘在这个阶段还是忍不住频繁发送消息,24小时抱着手机跟对方聊天,特别需要每天填满对话框,如果哪一天对话框空白了,就会感到特别心慌。这种状态往往会导致过度频繁的交流,给对方带来压力,也让自己显得过于急切。这时你们还没有足够的亲近感,当你对一个刚认识的陌生人投入过多的时间和精力,会让你忽略其他真正重要的事情,比如朋友、工作、家庭。同时,这也让你自己过早代入角色,打乱节奏。

5. 过度解读聊天内容

过于关注聊天当中的细节,用表情包和每句话来判断对方的意思,这特别容易引起误解。遇到不清不楚,可以直接问:"你刚刚说那句话到底什么意思?"想认真发展的人不会因为你的一个问题就落跑,直接问对方就好了,不要浪费时间去做过度解读。

6. 快速推进让对方感到不适

线上交流的目标是安排实际的约会，但白天聊天，晚上见面，过快推进会让对方产生不信任。首先，我们要在这个阶段建立信任和舒适感，然后再谈约会。有些人会过于迫切地表达对对方的兴趣，甚至还没有见面就已经暧昧了。在见面前使用特别会撩、特别会拿捏的"茶言茶语"，这会让正常男生不适，反而让"渣男"趁虚而入。

大家可以用一万种破冰的方法，但是破冰的目的一定要明确。之所以出现上述问题，都是因为没明白这个阶段的目标，是通过聊天建立基本的信任和了解，确认双方是可靠的正常人，从而顺利导向见面。既然目标是导向见面，聊天就需要遵循两个原则：一是获取基本社会信息，确认安全和可靠性；二是建立一个有趣、友善、有边界感的聊天氛围，为之后的关系发展做铺垫。

在这个阶段，既不要做过度的想象，过早代入暧昧的身份，去思考"对方说话什么意思，为什么回复慢，为什么语气硬"，也不要跟男生进行不友善的辩论，比如军事问题、女权问题。很多姑娘与男生交锋，然后跟我诉苦说脱单太累，这确实是会累，相当于你每天在大街上逮着陌生人吵架。更不要刚开始聊天就问人家"有几套房，能不能加我的名字，收入多少，有没有我高"，这样没边界感的问题。因为你们成为"约会对象"不是从社交软件开始，也不是从加上微信那一刻开始，而是从第一次见面有好感到第二次约会才开始。所以在见到真人之前，你们彼此就是陌生人。

大家注意，破冰期的两个核心：不要投入过多的精力，不用在意过多的问题。如果感觉这个男生不合适，或者不好沟通，那就排除掉，赶紧下一个，专注主线任务。

破冰期就是两个"驴友"相约去旅行

在破冰期，心态的调整非常重要，这个阶段我们需要采用的是"驴友"心态，将对方视作新认识的驴友。不论对方的背景如何，有什么光环或者一无所有，我们都是新认识的驴友，准备共同开启一段新的旅程。

作为驴友，这个阶段的主要目标是筛选对方是否适合与你同行。需要确认对方是不是一个安全的人，是否有意愿和你一起去某个地方，以及是否能够共同安排出行。对应到脱单上，一切以见面为结果，前期的聊天随心所欲，但要以见面为导向。不要把对方放在追求者的位置上，他只是一个驴友，双方需要互相尊重，合作办事，而这件事就是第一次见面。

很多人不知道破冰期聊什么，可以规划一下你们的第一次约会。像驴友一起出门前会讨论的那样，第一次约会的安排也需要双方共同确认。你可能会问对方几点起床，体力如何，喜欢去哪里，路线怎么安排。同样，第一次约会也像是一次旅游安排，需要确认目的地和偏好：是天气好出门散步，还是从一顿咖啡开始美好的一天？能吃辣吗？这些都是需要了解的信息。

我和我老公第一次见面是我主动约他的。我说："你下午要出来赏秋吗？感觉天气不错。"这次没约成，但第二天他提议一起去吃饭，我们就"吃什么不吃什么，几点起床，有什么忌口，吃完之后去哪儿"展开了热烈的讨论。

需要注意，在破冰期，很多姑娘会陷入两种极端心态：要么过于讨好对方，"你好棒，你很帅，你竟然会××啊"；要么太过被动，让对方主导节奏，别人问什么你就回答什么，最后陷入"这个人好无聊，这个单我非脱不可吗"的悲观心态。优质关系的核心是平等和尊重，过度讨好和过于被动都违背了平等原则。

如果你拿不准该怎么做，还是记住这一步要保持驴友心态。自动将对方定位为驴友，进入平等状态，享受约会。你不会和驴友刚认识就到他们家吃饭，也不会让驴友每次都到公司楼下等你。所以，把心态摆在正确的位置上，明确定位，很多问题就不会发生，至少不会有超越关系的需求。这样，你能更轻松自在地进行破冰期的互动和交流。

破冰期聊天：筛选能与你同行的人

厘清了破冰期聊天的心态和目标，就来到了具体如何聊天的环节。很多单身的姑娘会在这一步卡住，有些同学在这一步向我求教："老师，我真是不会聊天，我真是聊天笨蛋啊。"那我们就来具体说一说怎么用前面讲的逻辑做破冰期的聊天实战。

破冰期的聊天目的是筛选对方是否能和你同行。判断对方是否合适见面有两个标准：第一，对方是个安全的人；第二，对方与你有一致的择偶需求。

安全性判断可以通过获取对方的基本社会信息来确认，比如年龄、工作、性格特征等。如果对方在提供这些信息时扭扭捏捏或刻意隐瞒，说明可能有问题。经验较少的同学可以通过内心的感受来判断是否见面。如果你对对方感到兴奋和期待，没有不安和怀疑，那就可以见面。

具体的问话方式可以是闲聊式的，比如问对方属什么、什么星座等来确认年龄；问对方在哪个行业、加班多不多等来了解工作情况；通过聊天感受对方的性格特征，不要急于下判断。对于存款、车、房等社会性信息，可以通过讨论社会事件来侧面了解，比如聊基金股票等话题。如果对方有隐瞒或不愿透露，这也可以作为判断的依据。另外，在确认见面前，可以问对方"明天我们就要见面了，你还有什么需要提前告诉我的吗"，这样可以了解对方的短板。通常对方会坦诚告知一些可能影响见面的信息，这反而会增加对方的可信度。需要注意，在聊天过程中，不仅要调查对方的情况，也要平等地分享自己的信息，交换有效信息。

择偶需求一致性是指你们的交往目的是否一致，比如你是来找结婚对象的，对方也是，你们的需求一致。如果对方条件很好但没有明确的恋爱意图，不要妄图改变对方，直接筛选掉就好了。

具体的话术可以是直接问，主打一个单刀直入。如果对方的说法是不着急，或者是其他关系需求，那你可以直接把他筛选掉，然后告诉对方"啊呀，可是我想找一个香喷喷的可以结婚的男朋友呢，那祝你也早日找到"。

筛选出适合见面的人，接下来就是安排出行。对于新认识的"驴友"，需要考虑双方的偏好、体力和协作，确保过程既安全又愉快，不让任何一方感到特别难受。比如，如果你是新手而对方是经验丰富的"大佬"，新手要适当挑战自己，而"大佬"也需要降低难度，双方都要有迁就和体谅。比如如果有人提议第一次见面就去珠穆朗玛峰，那就显得很吓人。在安排出行时，有的姑娘总是安排在家门口见面，并要求男生穿越大半个城市来找你，最后还要对方买单，这显然是很不公平的。第一次见面的原则是轻松和快速，确保双方都比较容易接受。

我的第一次约会建议是选择低消耗的活动，比如吃饭、喝咖啡、逛公园等，这些活动原本就在你的生活清单里，不占用太多时间和金钱，压力也较小。

确认完基本信息后，下一步就是主动推进邀约。前面说了我们应该主动邀约，不要等待对方主动。直接邀约对方时，心态调整成"我们就是驴友，出门就是为了旅游"，主动权不在于谁决定去哪儿，而在于谁主动邀约。如果害羞，可以将邀约当作完成任务，每周见3个人完成打卡。以下是一些邀约话术，供大家参考。

● **直球派话术**

"这个周末想一睹××（对方名字）的真容。编个什么理由比较好呢？"

"2025年我的新年愿望是要跟3个帅哥约会，没想到一个都没有，那我就把愿望改成了要跟一个帅哥约会3次。我看你这个人不错，要不然你来帮帮我呗。"

"这个周末天气不错，出来happy呀。"

● **拐弯派话术：**

在聊天过程中多说"我们一起"，比如"下次一起呀""有空一起呀"，等等。

直接发大众点评的目的地链接，比如发一个咖啡厅链接："今天天气不错，周末去这家咖啡馆吧。"接着说："择日不如撞日，我们哪天去？"

邀约时不要问"你什么时候有空"，而是直接说"我们哪天去哪儿"。真正想见你的人会安排时间，如果那天真不行，他也会告诉你，并安排别的时间。如果对方说"下次吧，回头吧，我挺忙的"，那么见面的可能性就很小了。

如果对方对见面没兴趣，可能有两个原因：一是他不想脱单，二是他对你没兴趣。不用去区分是哪种原因，因为这不是你能改变的。可能他有心中的白月光，或者当前更关注其他事情。即使他对你没有兴趣，你的条件没有达到他的期望，这一点也不是你在网上聊天能改变的。

最后嘱咐一下，在具体的互动聊天中，我们需要记住几个原则。

首先，在前五句话中不要急于对对方下定义或做出判断。很多人会在对方刚说几句话时，就开始评判，比如觉得对方有大男子主义等。但实际上，任何人都不可能凭三句话就被完全了解。因此，前期的重点是观察和了解，而不是急于下结论。见面后再进一步验证对方是否符合自己的预期。

其次，如果对方在聊天中显得过于亲密，比如称你为"宝宝"或问你适不适合做他老婆，记住你们还没有见面，实际上还是陌生人。遇到这种情况，可以用"驴友"作为参考标准。如果对方的言行超出驴友的尺度，建议尽早撤退。用这种方式来衡量，可以帮助你保持舒适和安全的距离。

再次，聊天时要保持松弛和友善，同时促进关系的发展。避免过度讨好或显得太高冷。比如，当对方说"刚跑了十公里"时，与其用"好棒，自律的男人最迷人了"这种讨好的语言，不如用"鞋不错，推荐给我呀"这样轻松自然的回应。把对方当成新认识的驴友来聊天，你会不卑不亢地说出那些恰当的话，而不是硬憋一些不自然的撩骚话术。

最后，在聊天中，不要做客服。不要总想着怎么去回复对方，同时还要满足他的情绪价值。比如，当男生说"好累呀"，不要急于给出撩人的回复，比如"那给你我的肩膀靠一靠"。正确的做法是继续正常提问，了解更多信息，比如"工作很辛苦吗？一周累几天"。通过这种方式轻松收集信息，不用讨好也不用过多思考。

不会聊天或者说不好话的姑娘，记得交友的大原则是友善和尊重，你可以使用固定的表情包来帮助表达。比如我有个同事，她是个直愣愣的大姑娘，但她有个小心机，就是使用表情包。她不是别人一说话就发表情包，而是固定使用两到三个常用的表情包。当她接不下去话时，就发这个表情包。每次对方看到这个表情包时，就会想起她，这样表情包不仅成为对方的心锚，也成为两人之间的一个梗。

破冰期就是通过聊天获得信息，筛选对方并安排第一次约会。要保持驴友心态，确保过程轻松、快速和低消耗，主动推进邀约。对于觉得男生应该主动邀约的姑娘，可以复习上篇的内容。记住，找到人生伴侣需要主动行动，不是等着对方来找你。谁主动邀约，谁就拥有更多的主动权。如果害羞，大家可以把邀约当作完成 KPI，把每周约会 3 个人看作是工作任务，同时选择原本就要做的事情来做，降低心理负担。

第五章　连接期：如何让男生狠狠记住你

连接期是指你们从线上建立联系到第一次约会的这段时间，在破冰的同时，通常你们也在建立连接。恋人之前至少是朋友，在恋爱前对方应对你有好奇与好感。当你想谈恋爱，却发现双方连朋友都不算时，就是连接出了问题。常见的情形是还没见面关系就无疾而终，或者接触没多久人就消失了。没有跟对方建立愉快的氛围，也不知道双方该了解什么信息，连接就好像加了个联系方式，互相没有什么好感，也谈不上了解。很多姑娘还没到恋爱，常常没见面或者约会卡在第一次就没有下文了，这都是因为人际交往出了问题，无法与对方建立良好的连接。

下面的内容，我将带着大家一起完成连接期的实战，解决"让对方记住你"并跟对方培养基础感情的问题。如果你不会自我介绍，不知道如何给对方留下印象，不知道怎么进行第一次约会，那这里的实战内容将助你一臂之力。

约会中如何展示自己？

在连接期大家要秉持主人翁心态，通过主动的花式聊天和约会去展示自己，让对方感兴趣，记住你，投入更多关注和精力在与你的关系中。

自我介绍的记忆点

在交往中，双方了解彼此最重要的方式就是自我介绍。大家无论是选择在线上还是线下都可以，自我介绍的时机可以灵活掌握，甚至可以重复进行。我的个人偏好是在线下见面的时候做自我介绍。

现在我结合自己的案例，跟大家分享如何自我介绍。

通常应该先从社会性开始，因为这是社会坐标。核心原则是扬长避短和有来有往。

长处正经说

自我介绍时，我首先会讲述社会性部分的个人经历，核心是扬长避短。我的长处包括毕业后进入大厂工作，逐步带团队创业，虽然在大厂被裁员，但自媒体工作一直顺利。恋爱方面，曾经谈了一段时间，被劈腿分手，对方全责。我整体的简历看起来非常干净且稳定性强。如果对方对此有兴趣，我会朝这几个方向展开。

短处准备角度说

我的短处是学校背景较差，是三本毕业，且自媒体工作不稳定。对此，我会找到合适的话术应对。关于学校，我会说自己在北京待了13年,大学时就来了,但不会刻意提及具体的大学。当然,如果对方直接问学校名字,我也会坦诚回答。关于工作,我会提到自己在大厂工作的经历,并简单提及被裁员后在做朋友的项目,而不是详细描述当博主的细节(毕竟我当时还在更新恋爱日记),这样既真实又不至于透露过多私人信息。

积累亮点重复使用

在与100个男嘉宾见面后,我发现了自己特别容易被别人记住的亮点。第一,我是新疆人;第二,我是娱乐导演,做节目,和明星打交道。这两点我觉得还好,已经习惯了,但通常会引起普通人的兴趣。所以,我会在第一次见面时提到这些亮点,这就是我区别于别人的记忆点。如果在聊天中对方"哇哦",对我的某个地方感兴趣,我就会停下来,展开说说,加深他的印象。你们也可以在日常记录自己经常被人记住的地方,放在第一次约会中反复使用。这是我们的"小心机"。

不知道说什么就聊美食

如果实在不知道聊什么,美食是一个万能的话题利器。大家要对自己的家乡有认同感,多了解家乡的历史文化和美食,这些都是聊天的好素材。无论是与本地人还是外国人,聊美食总是能轻松地让对话进行下去。这能迅速拉近距离,也可以让对方记住你的家乡,你的性格,你的美食品位,或者你的本地"小灵通"人设。

总结一下，通过自我介绍让对方记住你，关键在于巧妙地展示自己的长处，积累能够引起对方兴趣的亮点，并准备美食话题作为聊天的法宝。除聊天中交换的信息外，还可以结合之前软实力的内容，配合性格、态度的展示，共同塑造你在男生心中的形象哦。

约会中的实用人设

约会时，很多姑娘都会感到紧张，害怕尴尬，更怕说错话。尤其是当对方引领话题的时候，一些同学完全不知道该怎么接话，常常尴尬到要临场向我求救的程度。为了避免出现这种情况，大家可以从心态上做一些调整，试试把约会当成角色扮演，我给大家准备了以下几种实用的人设。

做东的人

第一种人设是主人。假设一场宴会活动你做东，那么不管多么不熟悉你的客人，你都需要招呼好对方，照顾好他，因为今天就是你的主场。当你无所适从的时候，可以试着从照顾人的角度采取行动。这种适合关系、智商软实力比较强的姑娘。主人心态能够让你更主动，也更自信。

参加婚礼的人

如果你做不到主人的程度，也可以尝试第二种人设——参加婚礼的人。你一定参加过婚礼吧，有时你可能会和一桌完全不认识的人坐在一起吃饭、寒暄。这时候，你需要做的是微笑、倾听、赞美，让别人唱主角。这种人设适合社会性和精神软实力比较强，比较内敛的姑娘。

主持人

第三种人设是主持人，适合性格软实力强的姑娘。你可以代入主持人，挂着甜美的笑容，无压力地提问，"傻白甜"地追问细节，比如"你数学很好啊，当时高考分一定考得很高吧"，"这是你第一次做的吗，我不信，怎么做的呀"。通过不断提问，去了解对方的信息，展示你对对方的好感与好奇。

除了调整人设，如果你是很容易紧张或者很谨慎的姑娘，第一次约会时，可以把场地定在自己熟悉的地方。在这样的环境中，你会更松弛自如，不容易分心和担心，这样"角色扮演"也会更加出色。

正确的人设可以让你的约会立于不败之地，但一些错误的人设也会被对方强烈抵触，导致你们的关系中断，直接"拜拜"。下面这几种人设建议大家适当规避。

过度追问型

这种人设的人无论对方说什么，总是奋起直追，打破砂锅问到底。例如"你经常熬夜吗？是为了逃避明天吗"，"你焦虑吗？是因为过得不够好还是因为别人过得比你好"，"你30大几了，程序员35岁就不好找工作，下面什么打算"。这种过度追问会让对方感到压力和不适,可能男嘉宾约会中途就想落跑了。一些性格软实力靠后的姑娘很容易犯这种错误,以为自己很厉害,处在上位对男生做采访,回家之后还对男生的答案做一通批判。这种方式一定会导致约会失败。

大孔雀型

大孔雀也是典型的错误人设,很多姑娘多少有些工作阅历,或者处在管理层,取得了一些工作成就。有些人就在约会的时候全程讲自己的成就,从小到大多厉害,工作多厉害,朋友多厉害,全程以各种方式展示自己的优越。最后却来提问:"老师,为什么我展示得这么优秀,男生现场也挺好的,回来怎么就直接消失了?"因为对方表面微笑点头,但内心早已把你筛选掉了。社会性很强或智商、精神很强的姑娘需要避免犯这种错误,你的优秀可以慢慢地一点点释放。

讲师型

讲师型也是非常错误的人设,"今天你跟我吃饭,你来对了,今天要是不知道这些知识点,你亏了,朋友"。这种类型的人总是试图给对方灌输信息,帮对方解决问题,让对方有所收获。精神、智商软实力强而性格实力差的姑娘要警惕,要注意识别真正的气氛和情绪,始终记得你们是在约会不是咨询或者上课。

鹌鹑型

还有一种很不可取的设定,我不会聊天,那我就不说话,全程低头吃饭，或者只会"嗯嗯"回应。这样的结果是，对方完全不知道你在想什么，也不会留下任何记忆点。这是非常低效的约会。性格软实力差的姑娘需要特别注意。如果你出现了这样的错误，记得约会结束后发消息给对方，补救一下："我不会聊天，今天发挥不好，但其实对你有好感。"

甲方型

还有的姑娘约会像甲方，一上来就提出各种需求。例如，"我就想找个疼人的，年薪比我高20%的男生"，"你是做金融的，能不能帮我背200万的KPI"。回到关系中，你们只是驴友的关系，男生会觉得你凭什么提条件。即便对方追求你，也是因为互相有好感，不是上来就默认男生欠你的。平等和尊重的心态要建立。如果你已经这么做了，男生还对你上赶着，也可能只是因为你的社会性强，对方不见得是真正的好意，也需要谨慎对待。

约会时，希望大家始终保持一种同理心，叫"己所不欲，勿施于人"，自己都觉得讨厌的行为，就不要这样对方。同时，在约会中选择适合自己的人设，保持自信和积极的心态，展现最好的自己。

嘱咐大家一下，如果你按照正确的方式去做了，约会也很顺利，对方却不喜欢你，这是很正常的，不要陷入内耗，因为我们不喜欢别人也通常是千奇百怪的原因。不必为个别人而质疑自己。另一种情况，如果你发现初次见面后超过50%的男生对你没有好感。那么，你需要停下来复盘一下，是不是外貌、社会性或谈吐方面出了问题？这时候你可以对照这三个方面，逐项排查，找出问题，做调整改善。约会是个学习、实践、成长的过程，遇到问题解决问题就好了！

关于对方，你最需要了解的信息

连接期除了让对方了解你，建立好感，更重要的是你也要同时"有脑主动"地探索对方。破冰期你筛选的是对方的安全性和关系需求，连接期你需要的则是探索并筛选男生的软实力。

我们可以通过三个大话题来获取信息，即工作经历、情感经历和业余生活。一个人的经历就是他的选择过程，他的选择就是他的价值观。工作经历、情感经历、业余生活都是他软实力的展现。

工作经历 = 社会性 + 智商

工作能力和态度展示了他的独立生活和解决问题的能力。如果工作时间占据了他大部分时间，那么他的职位、能力、态度和表达能力，就能很好地反映他的社会性和智商。

聊工作经历可以很快清楚对方是否在大方向上契合你。比如我的一个学员说希望找一个平稳、顾家的人，那她通过聊工作就可以快速筛选出创业者、上升期的企业中高层不是目标对象。又比如我崇尚对工作有热情、有正向期待的人，哪怕当下不热爱这份工作，但对人生有积极的态度是非常重要的。这个也可以通过聊工作得出结论。

怎么问工作经历会比较恰当，不冒犯呢？

你可以这样问："你怎么选了这个行业呀？好特别呀，你喜欢这个工作吗？如果不做这个，你会做什么呢？你们这个工作前景好吗？"这些问题能够透露出对方的社会性、工作能力以及他在职场中的位置。

大家都有点工龄，能够确认对方在带团队的情况下，直接问："你被'00后'整顿职场了吗？团队人多有点累吧？"根据他的回答，可以明确他的个人能力、规划和上进心。

对于希望对方工作平稳且花更多时间在家庭中的人，可以问："你加班多吗？单位离家近吗？中午可以回去睡觉吗？可以早下班吗？下班堵车吗？"通过这些问题，了解他的工作节奏和生活态度。

通过聊工作也可以了解对方的性格。一方面可以观察他的态度，另一方面可以了解他在面对问题时的反应。比如，你可以问他："你们在工作中会碰到什么困难吗？"如果他从事销售工作，你可以问："你们会不会经常遇到客户投诉？"从他的回答中，你可以看出他对工作是热情积极的，还是沮丧消极的。如果他在回答问题时表现出不耐烦，觉得你总是问工作很烦人，这也能反映出他性格的一部分。通过这些问题，你不仅可以了解他的职业经历，还能看出他的性格特点。

但是，姑娘们也需要注意边界，连接期的交流不是查户口，如果对方没有说房、车、收入的情况也没关系。如果一个人整体社会性或智商软实力是满足你需求的，你们后面还有很多机会可以交流。

业余生活 = 精神

你们也可以聊聊业余生活，业余生活安排可以反映出一个人的精神软实力。

大家不要以为喜欢打游戏就是"精神"差，喜欢登山就是"精神"强。不论是什么爱好，当他对这项爱好不仅仅处在消费端时，多半都是精神比较强的表现。而且普通人精神追求表现在兴趣爱好上，而高阶情况则是用这些爱好构建他的精神世界。精神强的人，总是能够从内心深处散发出他们的思想和信仰，通过业余生活，旺盛地表达出来。他们会把时间、精力和金钱投入这些"兴趣爱好"中。

通常精神强的人很容易发现，也很乐于分享。你可以直接问："你平时工作怎么安排呢？平时周末怎么安排呢？假期干吗呢？下班时间怎么安排呢？"通常这些答案会帮他打开话匣子，你可以顺着他常做的事往下问。如果他对这个领域了解深入，说话充满热情，或者非常投入，就能看出他有精神追求。比如，我有个朋友总是琢磨哲学，任何事情都能用哲学来解释，这就是精神实力强的表现。

情感经历 = 性格 + 关系

情感经历是了解对方性格和关系软实力的重要途径。连接期约会时，情感经历是必要的话题，因为它反映了男生对待感情和对待女性的态度。想找关系能力强的伴侣，一定要聊这个话题。

这个话题比较考验技巧，可以放在你们约会的最后，等氛围比较好，双方有一定熟悉和信任基础时再聊。你可以问："你怎么会单身呢？你空窗期有多久啦？你跟前女友是怎么分手的呀？你们在一起多久呀？"这些问题不仅能听到分手原因，还能知道他对前女友的评价。

大家注意盯几个雷区，比如，如果他说前女友因为性冷淡分手，那他可能想尽快推倒你；如果他说目前正在离婚过程中，有可能他在出轨，让他办好离婚手续后再联系；如果他说前女友不如你漂亮、不如你温柔、不如你上进，不要高兴太早。如果他跟你吐槽全是女生的问题，那再提一些细节的问题，看看他除了发现问题，有没有积极解决过。

另外，也可以问对方关于家庭的情况："你这么久没谈恋爱，你爸妈怎么看？"这不是看对方父母是否离婚，而是看他是否拥有独立完整的人格。对父母的表达是感激还是憎恶，是不是被父母掌控，这点也非常重要。

如果对方问到你的前任问题，提前准备好答案。不用说得太深刻，比如不相信爱情，不相信婚姻，原生家庭让我自卑这些深层次原因。前期交朋友不用这么深，可以用认识新同事时的说法来回答他。

在连接期，保持热络，先交朋友，再谈对象。姑娘们不管有多着急，见面前三次不要直接问对方条件。这个阶段了解他本人，了解他的软实力，为之后的感情打基础才是最重要的。聊天的三个大方向是工作经历、业余生活、情感经历，问对方问题时，要有来有回，也准备一下自己的答案。永远记住，吸引与筛选同步进行。

判断情感连接在加深的几个积极信号

在连接期的聊天和初次约会之后，很多姑娘会感到迷茫，不确定对方是否喜欢自己，也不确定自己是否喜欢对方。当你约会经验比较少，异性样本不足的时候常会出现这样的问题，这是很正常的。根据我自己和学员的经历，我总结了一些信号，大家可以直接在实战中关注。

怎么判断男生对你有兴趣？

那么，哪些是对方对你感兴趣的信号？不同类型的男生行为方式差别很大，很多时候你们约会完了，却等不到男生的约会反馈，即便他给了正面的回答有可能也只是"礼貌"。这种情况下，我们判断的核心还是回归到他的行为。

1. 他对你是否有探索欲

看对方在聊天过程中是否表现出兴奋和主动。整个约会过程中，他是否对你有强烈的探索欲。你觉得自己在演独角戏，还是他也在主动推进约会的顺利进行？

判断的方法是看聊天的内容和频率。他是否对你提出很多问题？是否主动找话题聊天？如果是这样，说明他对你非常感兴趣，对这次约会有很强的好感。有的时候，即使你在主导节奏，对方话不多，只要他问的问题都是对你好奇的问题，那也是一个好信号。

有无探索欲，是判断男生对你是否感兴趣的一条金线。

2. 他是否在关注你

一个很明显的指征是他在约会中是否在关注你。如果他对这次约会很感兴趣，他会时刻关注你，而不是一直玩手机。如果他真的在意这次约会，他会尽量避免给你留下不好的印象，而表现得非常专注。

3. 他是否在暗示邀约

第3个明显表现是看他是否在暗示下次约会。在聊天过程中或约会之后，他是否提到未来的约会计划？比如他说"我们下次一起去××吧，我还没去过那里呢"，或者在约会结束后，他主动提出让你到家后发信息给他。这些都是他对你感兴趣的好信号。

4. 约会时间是否比预期要长

第4个信号是看你们的约会时间是否比预期的要长。这是一个非常直观的判断标准。一个完美的约会应该让双方都沉浸其中，忘记时间的流逝。如果你们本来计划聊一个小时，到时间男生站起来就走，那多半是没兴趣。但如果一下子聊了三四个小时，那说明你们聊得很开心，彼此难舍难分。

需要注意的是，女生应该主动结束每次约会。在对方意犹未尽的时候结束约会，会给对方留下深刻的印象。我通常的做法是提前告诉对方"不好意思，我们这次只能见一个小时，我一会儿还有个电话会议"。如果觉得对方不合适，到时间我就离开；如果觉得对方不错，我会说，"我推迟一下会议，想多和你聊一会儿"。但在两三个小时后，意犹未尽的时候，我会说："我真的得回去开会了，要不我们周日再接着聊，跟你聊天太开心了。"这样可以在意犹未尽的时候，当场确定下次约会的具体日期。

5. 你们是否有深度交流

第 5 个信号是看你们在约会过程中是否有深度交流。如果你们只是谈论一些表面的话题，比如天气、同事、餐厅的装修等，那说明你们的交流还不够深入。虽然聊天内容很丰富，但都是浅层话题，说明他可能未必对你有兴趣。

只有深度话题才能制造你们的深度连接。深度交流的最好办法就是"谈情"，谈论一些能够引起情绪波动的话题，比如人生经历、恋爱经历等。通过这些话题，你们可以更好地了解彼此的内心世界和价值观。

比如有个学员和一个离异的男生去约会。她说第一次见面聊了两个小时，对方用了一个小时五十分钟聊前妻。很多学员在这种情况下可能就跑了，但这个姑娘没有。她看到了三点：首先，她注意到男生在谈论前妻时，没有一句不好的话。这让她感受到这个人的关系处理能力很强，人品到位。一个能够在离婚后仍然保持对前任的尊重和善意的人，在感情中是成熟且有担当的。其次，当男生谈到他们以前的生活时，她看到这是一个会生活、有品质的人。男生描述的细节展示了他对生活的追求和对家庭的用心，这让她感到很欣赏。最后，当男生说到他们为什么分开以及如何分配财产时，她看到了一个有情有义、不忘恩负义的人。男生在描述离婚财产分配时，表现出公平和责任感，这种态度让她觉得他是一个值得信赖的人。通过这次聊天，她不仅看到了对方的过去，还看到了他的品格和生活态度。也通过这次聊天，他们建立了很深的连接，后面两个人也顺利走到了一起。

需要注意的是，当你们深入交流时，有一个重要的原则，那就是不评判。不要说："哎呀，你前妻怎么这样，你当时应该怎么做呀？"这样的话语会让对方感到被指责或不被理解。相反，你应该专注于理解和肯定，做一个真正的倾听者。例如，你可以回应："是啊，当时你一定很难，你真是一个有担当的人。"当一个人愿意向你暴露他的脆弱，那是他在向你展示信任。在这种情况下，作为一个倾听者和支持者，你会在他心中留下深刻的印象。这种互动方式才能够建立起深层次的连接。

3个问题认清自己的真实感受

那么，在约会之后，如何判断自己对对方是否有兴趣，要不要继续见面呢？你可以问自己下面三个问题。

问题1：我是否迫不及待想要和朋友分享这次约会？

如果这次约会结束后，你迫不及待地想要和朋友或者闺蜜分享这次约会的细节，这通常是一个积极的信号。你对这次约会有很好的感觉，并且希望与他人分享你的喜悦和兴奋。这表明你对约会对象有兴趣。

问题2：回想对方时，我的感觉是什么？

当你回想起对方时，问问自己，你的感觉是怎样的？你是感到兴奋、紧张、舒适，还是别扭？如果你回想起对方时感到兴奋或舒适，这说明你对他有好感。如果你感到紧张但同时有些期待，这也可能表明你对他有些兴趣。相反，如果你感到别扭或不舒服，那么和这个男生就只到这里就可以了。

问题3：我是否想再见到他，再和他聊一聊？

最后，问问自己，是否想再见到他，是否期待再次和他聊天。如果你很期待再次见到他，并且已经在脑海中规划了未来的约会，这表明你对他有浓厚的兴趣。我的一位学员就说，在第一次约会之后，她已经想好了接下来的三次约会要干什么，这些都是非常积极的信号。

约会之后可能遇到的状况与应对策略

在连接期的约会结束后,双方会进入判断期。你们可能会对对方有一个明确的判断:你是否喜欢对方。这时候不论对方的态度如何,你都需要主动反馈你的感受。

你该怎么做约会反馈?

如果你对对方有好感,或者至少不讨厌他,都可以给对方一些时间和机会。你可以表达你的兴趣,继续推进关系发展。

情况一:对他感兴趣

在约会结束后,你可以通过两次正反馈来表达你的兴趣。

正反馈公式:积极感受 + 喜欢 + 细节 + 下周再见

- "今天跟你聊天很开心,看你简介本来以为你是个学术男,没想到这么热血,我们下周再见呀。" 这里,你赞美他的特质。
- "藤椒牛舌真的好喜欢,谢谢你选的这家餐厅,我们下周再见呀。" 这里,呼应你们约会时都喜欢的东西。
- "没想到你今天真的穿了我提到的那件蓝衬衫,好喜欢呀,下周再见呀。" 这里,你从细节入手,比如他的衬衫、鞋子、工装或西装风格。

这个公式可以在约会现场说一次,回家后线上再说一次。

关键是要用"喜欢"这个词，男生会自动代入你喜欢的是他本身。

情况二：不喜欢他

如果你发现这个男生完全不符合你的标准，并且你不想再见他，也最好友善地告诉他。大家都是成年人，做人留一线日后好相见，不要因为不合适就删除、拉黑、老死不相往来。

拒绝公式：感谢细节 + 告知决定

- "感谢你今天特地来找我，聊天过程中没有特别的火花。我感觉我们更像是朋友的氛围。看得出来，你也是真心找对象，我觉得早点说出来比较不会耽误你的时间。如果你愿意的话，我们可以成为彼此脱单路上的军师，有关于女生的问题也欢迎你随时来问我呀。未来身边有合适的对象，我也会给你介绍呀。"

你可以先把不合适的男生往朋友的方向转，以免未来需要对方帮忙，或者反悔觉得他不错再来找他。发展不成恋人，也不要养鱼，大家可能都是认真在寻求婚姻关系，我们不要被错误的男生耽误，也不要浪费其他男生的时间。

情况三：无法做判断

对于经验较少的"小白"或者"母胎单身"的姑娘，如果你无法在第一次见面后做出绝对的判断，建议不要立刻和绝对地拒绝对方。因为你的识人能力和筛选能力可能不足以在第一次见面就做出正确的决定。我的建议是，如果不能判断，就再见一次。可以按照正反馈的方式给对方约会反馈。

男生常见的约会反馈有哪些

在第一次约会结束后，你可能会收到对方的各种反馈，不要只关注他对你的兴趣度，这些反馈还可以帮助你判断对方的关系能力。以下是一些可能出现的线上对话情境，以及如何应对这些情境的建议。

常规版本

常规的反馈是对方正常打招呼："到家了，好好休息。"这是一种礼貌而稳妥的方式，显示出他对你的尊重。

非常规版本

如果男生在约会后给你发消息说："好想你，宝宝，做我女朋友好不好？"这种反馈虽然显得热情，但也暴露出他关系能力的不足。因为他把握不好关系的节奏和进度。

主动版本

有些男生会在约会后频繁发信息，表现出很大的热情。这种情况说明对方对你很感兴趣，愿意主动推进关系。关系能力更强的男生，则是会主动追问你对约会的感受，比如："今天感觉怎么样啊？今天见面符合你的预期吗？"或者直接安排下次约会。

"装死"版本

如果对方回去之后完全不联系你,这种情况也显示出他的关系能力很差,无法保持基本的沟通。如果对方在见面后就立刻消失,就不用再联系了。

在与男生的交往中,你需要注意男生的关系能力。如果遇到关系能力差的男生,你需要主导关系的走向,可以选择掐断关系或者主动给他指路,引导他应该怎么做。对于关系能力强的男生,可以享受被追求的感觉,交给他去引领关系的发展。

首次约会后,如何推进关系?

如果首次约会感觉还不错,下一次约会时,不要用男朋友或老公的标准去衡量对方,只需问自己一个问题:你想不想再见他?如果你想再见他,记住连接期的聊天规则,主动去推进下次见面,确认你们可以一起去做什么好玩的事情,寻找适合前期推进关系的约会活动。如果对方也给出正反馈,或者提出约会时间,这说明双方互有好感,愿意推进关系,这样连接阶段就算完美结束,进入关系升温期。

如果你对男生很喜欢,并且已经做了两次正反馈,也约了下次见面,但对方却不回复信息,那么可以直接放弃这个人。这表示他对你没有兴趣,或者他不太尊重人。这种人在后期相处中大概率也是不合适的。如果对方对你的邀约"打哈哈",比如说"我最近忙,下次吧",也不提出其他准确的约会时间,那这些都是婉拒的信号。此时可以把这个男生放在第二梯队，不删也不聊天，经营好朋友圈，等待对方反扑。同时，你可以继续每两周邀约对方。如果三次邀约都没有下文，那就结束这段关系。在此期间，不要被一个不确定的人耽误时间，不要等他，你要去见其他人。

我们执行要对，心态要稳。很多姑娘约会完喜欢研究男生，以提升成功率。从概率上来说，能在连接期一拍即合的是少数，约会过一次没有下一次的情况很常见，大部分人都是这样，所以不要把没有下次的原因归到自己身上，不是因为你不够好，而是因为你们不够合适。记住，这个阶段的心态仍然是驴友，大部分驴友只有一次同行的机会。

在首次约会后，真正重要的事是要做一个约会复盘——你喜欢这个男生的什么？是因为对方的优势太明显，还是因为这是你对软实力的需求。结合你的软实力，去摸索自己对男生软实力排序的要求。每次约会你都要思考，这样才能搞清楚自己的择偶需求。举个例子，我见过很多人，最开始可能因为对方社会性好、智商高、幽默而喜欢他，但后来发现，这些喜欢不代表他适合做自己的长期伴侣，不是亲密关系中的刚需。我真正喜欢的是性格好、行为稳定的人，这样，后面我就把性格软实力列入需求的第一位。

另外，通过约会复盘，大家也要找到本次约会中可以复用的亮点，比如，你当天的妆造让对方眼前一亮，对方对你的某个经历很感兴趣，对你的某些行为举止有明显的好感，等等，这些亮点都可以在未来的约会中继续使用。对于关系能力差的姑娘，约会里那些让你自己感觉舒适自然，能够打开话匣子的地方，也可以记录下来，它们将帮助你在未来的约会里更好地发挥。

我们生来都不会与别人相处，这意味着与人交往是一门需要不断学习和实践的课程，更不要说亲密关系的交往。每一次约会都是一个认识自己的过程，也是提升自我的机会。千万不要为一个驴友的表现而陷入情绪内耗。我们要慢慢去享受约会，这样感受才会越来越清晰，清晰到当正确的人出现时，你能一眼识别他。记住，每次约会都是有意义的。

约会之后怎么聊天让连接加深？

第一次约会之后，通常需要经常聊天来保持联系，但是很多人到这一步就慌了，不知道该怎么办。因为如果你们约会时已经定了最近再见面的时间，这间隔最多一周的时间，既不能过于频繁地联系，也不能完全不聊。那应该采取什么聊天策略加深你们的连接呢？

这个阶段的线上聊天可以通过两件事情来进行：回顾这次约会和展望下次约会。

1. 通过回顾约会来开展聊天

在回顾这次约会时，可以从细节入手，再次提起约会中令人愉快的瞬间。

比如，在我和我老公的案例中，现场聊天时，他提到了一个巅峰体验，讲得很兴奋，显然他对那次经历非常喜欢。回家后，我看到公园里有老头儿在下棋，就拍了张照片发给他，问："请问图中有几个人在巅峰体验？"后来我们在一起很久之后，他说，在几个小时的聊天中，最重要的就是巅峰体验这个话题，虽然聊得不多，但是我牢牢地抓住了它，这点非常打动他。

我们应该怎么抓住约会中最重要的东西呢？我之所以能抓住这个话题，并不是用技巧和方法，而是因为我对他有真实的好奇和好感。回家之后，我会回想起这个话题，并再次回复他，其实是在复习和回味我们的约会。这并不是技巧，仅仅是因为我觉得这个话题很有趣。很多时候，我们在约会中觉得对方很无聊，实际上是因为我们没有认真倾听对方。当你真的认真去倾听对方，并且给他回应时，对方的感受会非常好。这就像你听了同事的 PPT 分享后，回家后如果给他回复一个细节，比如"你展示的××案例对我很有启发，特别是关于××的部分"，你的同事会有什么感受？一定是很好的。回顾细节是对对方的最大尊重。

同样地，你可以用这样的思路做约会回顾："今天感触很深，没想到有人这么懂菜系，感受到热爱生活的人的魅力。""谢谢你今天给我一些工作建议，等我试用一段时间之后再给你反馈。""没想到你真人这么有活力，我之前以为你是养生达人呢。"

这些话题都会引发新的讨论。还有一些细节可以回顾，比如你们这次吃饭的餐厅、菜系；关于男生的一切细节，比如他的家乡、星座、喜好；或者你们约会中提到的任何细节，都可以把你们再次拉回到约会的美好回忆之中。

这些细节尽可能结合图片、语音、歌曲、朋友圈、表情包等多维度的方式来回应对方。例如，如果他在见面时提到喜欢吃螃蟹，你可以晚上发一张螃蟹的照片。同样，对方如果在约会时提到某首歌，你回家后找到并发朋友圈，简单地说："喜欢这首歌。"即使你是"聊天笨蛋"，这些行为也足以让对方感受到你记得他说的话，并且此刻在想他。**易求无价宝，难得有心人。** 这些细节会让对方感到被重视和关心，对你的好感加深。

这个阶段聊天不必太高频，让对方感受到你的心意，"小火慢熬"到下次见面就好，千万不要大聊特聊让关系向网恋发展。为了控制线上聊天的欲望，我们可以采取以下三个方法：

第一，主动结束话题可以让对方有继续聊下去的欲望，避免无休止的聊天。例如，聊了一会儿后，可以说："今天聊得很开心，但我现在有点事，下次再聊吧。"

第二，不要单方面无脑主动，自己发个三五句话，对方男生永远只回几个字。如果你发的信息长度和句子数量都远超过对方，要马上克制自己的热情，给男生一点机会和空间。

第三，不要代入"他就是我男朋友"的视角，否则你就会陷入不必要的情绪内耗：他怎么不回我？他怎么不主动？他怎么今天都没有找我聊天呢？这个阶段，你们不过是驴友，请保持心态轻松。

2. 围绕下次约会来开展聊天

实际上，在展望下次见面时，可以通过邀约对方和安排行程来开始聊天。这些安排本身就能成为很好的聊天话题，能够展示许多有价值的信息，不用额外花费时间去创造话题。

首先，邀约对方是一个很好的起点。邀约不仅能表达你对继续交往的兴趣，还能展示你的主动性和诚意。比如，你可以说："下周末我们去公园怎么样？你更喜欢上午还是下午？"这种邀约方式不仅明确，而且给对方选择的空间，能让对方感到被尊重和重视。

接下来是安排行程。安排行程看似简单，但实际上包含了很多需要确认的细节。这些细节本身就可以成为你们聊天的内容。例如吃什么、几点见面、见面的地点、菜系的选择、对方的偏好等。每一个细节都可以引发讨论和互动。

举个例子，我是一个新疆人，有次和一个浙江男生相约去吃东北菜。我说："东北菜太横了。"他问："什么叫横了？"于是我们展开了一个很长的讨论。整个过程中，我主导时间和地点的安排，他也很配合。即使中间几次有时间和地点的变动，对方也都很配合。这种互动不仅让我们对彼此有更深入的了解，也让聊天变得自然和有趣。

需要关注的是，在这种互动中，主导者和配合者的角色分配很重要。这里的主导者和配合者并不是老板和员工的上下级关系，而是搭档关系。如果你是主导者，那你需要带动感情的方向；如果你是配合者，那你需要让主导者感到愉快，同时也不要让他太累。

如果你是主导者，可以用一些简单的公式来进行邀约。比如"我来预约张总的时间了。烤鸭宴，你想去'全聚德'还是'聚宝盆'"。这种选择题能让对方快速决策。再加上一句："你可以轻松地拒绝我，没有关系的。"这样可以减轻对方的负担，让邀约变得更加轻松和自然。

如果你是配合者，对方的安排让你满意时，可以用积极的反馈来回应。例如"绝美、喜欢、听你的、好感+1"，还可以发一个表情包，表示你对对方的安排满意和欣赏。你也可以随便给对方起一些尊敬的外号，比如叫他"老饕"，表示他很有美食品位。

如果对方的安排不合适，不要直接拒绝，而是委婉表达，例如"还没有收到我的心电感应呢？这个地方有点远"。比如，我男朋友有一次邀约我去吃卤煮，但我不喜欢吃那些内脏类的食物。我就委婉地说："不好意思，还没那么爱。"他就马上明白了我的意思。这样既表达了你的意见，也不会让对方感到不舒服。

你可以参照上述的内容，安排前3次约会，并且每次都增加一些新意和多样性，这样对方很难不爱上你。当然，我们也要结合不同的约会场景，适当改变穿着，以展现软实力。核心在于，用软实力的方式展示自己，无论地点、话题还是活动安排，都要从这个角度出发。真的不用纠结自己是不是"聊天天才"，不要为制造话题而烦恼。按照以上的路径和方法去实战，步步为营就能立于不败之地。细节和互动同样可以展示你在意对方，重视这段关系。保持积极和认真，也会让对方感受到你的真诚和用心。

第六章　升温期：建立信任的关键期

经过连接期，姑娘们就来到了"暧昧让人受尽委屈"的升温期。这个阶段的男女通常充满了挣扎，内心像是在坐过山车，一边尖叫狂喜，一边应对着挑战和不确定性。这种不确定性使得每次见面都像在走钢丝，一方面希望能更进一步，另一方面又害怕步子迈得太大，反而弄巧成拙。这一阶段的情感推进非常容易出现反复，明明感觉离成功只有一步之遥，却因为一些细节上的失误又回到了原点。

升温期的每一次见面，都是一次情感的小考验，伴随着大量的焦虑和内耗，但也是建立信心的关键时期。通过正确的执行和适当的互动，可以逐步感受到来自对方的正反馈。这种正反馈，如同一剂强心针，帮助彼此建立起更多的信任和信心。随着正反馈的积累，双方的关系也会变得更加稳固，逐渐迈向更亲密的阶段。

享受暧昧：愉悦与尴尬并存

升温期是我个人最喜欢的实战步骤，可以陪大家一起解决情感升温中的问题，给大家具体的应对方案，陪大家反复体验坠入爱河的愉悦。希望大家都能尽快推进到这一步，品尝到爱情的甜美果实！

你是不是也在经历升温期的尴尬？

升温期是从普通朋友关系向暧昧关系过渡的阶段，通常发生在第 3 次到第 10 次见面之间，总周期不能超过 2 个月。判断情感所处的阶段很重要，因为每个阶段都有相应的主要矛盾、解决方案和应对心态。

如何判断你和对方正处在升温期？首先，你们开始频繁见面，从第一次约会起，开始每周一到两次见面。其次，双方都很愿意见面，见面是一件非常自然的事情，不管是你主动还是他主动，彼此都想要见到对方。最后，你会发现自己开始优先考虑对方的时间安排，而对方也会配合你的时间，即便时间不匹配也都会给出解决方案。这些标志表明你们已经进入了升温期。

升温期属于暧昧阶段，所以一旦进入了升温期，你会马上发现，一连串的尴尬如影随形。亲密关系浅的同学遇到这种情况常常不得章法，迫不及待地想要跳过这个步骤，确认关系。最常见的就是，刚过连接期女生就迫切想问"我们现在到底是什么关系"，导致对方退缩。其实过早确认关系不会让感情高枕无忧，反而会让太容易得到的感情没有被好好珍惜。

只要你处在升温期，就会遇到这个时期的特有尴尬——双方很"上头"，但还没有确认关系。这是一个让人非常迷茫但又浪漫的阶段，你每天心里都挂念着对方的小动作，会反复问自己和闺蜜"他说这句话是不是喜欢我"。很多姑娘到这里会忘记，此时的心态应该是筛选心态，看看对方是否满足自己的软实力需求，而不是单纯地为对方的魅力而"上头"。"上头"和"满足需求"是两件事，确认关系不是最重要的，软实力匹配才最重要。

升温期的另一个尴尬的点是你们还没有进入"一对一"的关系，他可能会约会其他人。他说今天要加班，你觉得肯定不是，他肯定是去见佳人了。何况，你虽然已经很喜欢他，但也不得不去继续见别的男生。碰到这种情况，对于不容易内耗的姑娘，可以忍着。但如果内耗严重，可以直接找对方确认进入一对一的关系，娇羞状问他："你还会见其他人吗？"如果对方回答只见你，那就不要再犯疑心病；如果对方说还需要再了解，你可以接话说："讨厌，我丧失了这段感情的主动权，下次需要你主动了。"或者继续问他："我还需要展示哪些方面，请给臣妾一个明示。"当然，如果你对男生有要求，对方确认一对一，那你也要立刻进入一对一阶段，这是对双方的要求。

升温期还有一种尴尬是双方的进度不一致，一个可能已经很上头，而另一个人还在"不讨厌"的观望阶段。这个时候，保持可视化的进度条思维很重要，让对方看到你的进度。比如说，对方表白，你也有好感，但不想太快确认关系，你想继续了解又怕对方被拒绝后"跑路"，怎么办？你可以说："我是一个对感情很认真的人，我觉得你也是，这是我很看重的品质。所以我希望我们能多见几次面，下个月的今天我会告诉你答案。你不会不想见了吧？"这样可以给彼此一些时间和空间。如果最后你决定放弃，也要提前告知对方，拒绝公式跟之前一样：**感谢细节 + 告知决定**。

在升温期，不要把暧昧停留在线上聊天，不要跟约不出来的男生继续发展，也不要跟见面2—3次的男生确认关系，因为这时候你还没看清楚对方是否适合自己。升温期最重要的事情是吸引对方，并筛选出最终可以站在你身边的人。执行上，我们越靠近目标，越要擦亮眼睛。

升温阶段心态要稳，大忌是产生认定心态。还没有确认关系，你们就是两个单身的人，双方都有权利去做任何追求幸福的事情。所以，这个阶段，哪怕在一起约会看到他社交软件上弹出信息，也把头扭开，当作没见。解决升温期尴尬的核心是，你要有女王心态。任何时候主动发现问题，解决问题。解决不了问题，就"解决"人。要始终记得，这个阶段不是为了确认关系，而是为了筛选出更合适的人，看他的5种软实力是否匹配你。

为什么你的感情无法升温？

有很多姑娘，特别是"母胎单身"的姑娘，不会"搞暧昧"，拿捏不好尺度，很容易陷在破冰期、连接期，让关系反复，回到原点，无法完成升温。为什么会发生这样的情况？让我们具体分析一下常见的错误和解决方法。

1. "你追他跑"

一个人永远在大剂量表白，另一个人则不停被追着跑，因为那一方还没"上头"，所以这一方总是"干撩"。这种情况说明你的关系能力欠缺。解决方案是回到连接期的驴友关系和沟通方式——你说话长度不要超过对方，句子数量也不要超过对方，多在朋友圈正确地展示自己。

2. 平行聊天

你们见面五六次了，但交流依然停留在单一的表层话题上，比如工作、旅行、股票、国际形势等，这说明你们的关系没有深入，这样的表层话题也无法带动关系前进。解决方法是打开新的话题层面，增加聊天的深度和情感交流。例如，可以分享一些个人的兴趣爱好，或者谈一谈对未来的规划和梦想。

3. 打卡式交往

每天的交流都停留在"早安、晚安、吃了吗"这种无聊的问候上，即便这种打卡行为经年累月，也不会推进关系的。打卡行为不仅显得生硬，没有记忆点，而且让聊天变成了任务，毫无互动的乐趣。解决思路是把对话框当成只对他可见的朋友圈。想象一下，当下要给他发一个朋友圈，你会发什么。比如，当你在公园散步时，看到美丽的景色，可以拍张照片发给他，配文："美人配美景，美景少一个大美男。"或者，当你看到公园里有大妈在跳舞，可以发个小视频说："退休后我就选新疆舞。"看到好看的电影，可以发给他说："超级适合跟帅哥一起做的清单，+1。"对话框就是一个专属朋友圈，他会通过这个朋友圈认识你是什么样的人。如果对方每天跟你打卡，你不要回应，用朋友圈的方法去做"扭转乾坤"的人。

4. 关系不一致

你们还没确认关系，但是男生却叫你"宝宝、亲爱的"。这时候你会搞不清楚对方是寻找短期关系的"海王"，还是在表达好感。记住，你是女王心态，不思考他为什么这么叫你，先思考你对他是什么感觉。如果本来觉得这个人轻浮，不值得信任，直接下一个。

如果本身喜欢，但不想太快，三种回答供选择——

第一种反客为主，可以直接说："网上都说这是'渣男'套路，好男人都不这么说。"如果他问好男人怎么说，你说好男人只会给我买花，带我吃好吃的，你想跟他干吗就趁机告诉他。

第二种婉拒式："你什么档次，跟我妈共用一个宝贝。"加一个可爱的表情包。

第三种发一个百度百科的截图："宝贝，贵重少见的贝壳。"

男生不管说什么，说得多漂亮，不要把他的某句话当真，观察他的行为，他有没有花心思追你，有没有投入时间、精力和金钱。

5. 过度分析

很多人反复思考对方的每句话、每个动作，试图解读他是否喜欢自己。其实这个阶段应放轻松，只要人品基本盘没问题，通过见面判断他的软实力就好。线上聊天的部分只判断态度，看他是否愿意和你聊天。有意愿的男生看到你的信息就会回，不会刻意逃避关键问题。放松一点，只要他当天回复，所有问题都回复了就可以了，享受关系发展的过程。另一种情况是你发信息，男生三天后随机回复，那就放手，当无事发生。

6. 不自信 / 不真实

遇到优秀的男生，每句话都在想怎么拿下对方，这是过犹不及。保持轻松，展现真实的自己。只有你放轻松了，才能展现出最强的软实力。不要假装有趣，假装渊博，假装很会撩，不要冒充不是你的人，一旦你假装，就要不停地假装，你会很累，而且很容易露出马脚。告诉自己：他就是一个陌生男士，不必伪装自己取悦他。

7. 错误判断

错误判断对方的价值观和行为，也是很多姑娘容易走的弯路。不要按照网上的标准判断男生，拿出我们的识人能力，用

"同事"作为尺子来衡量——如果同事没送你回家，会觉得同事不绅士吗？如果同事请你吃饭，用了优惠券，会觉得对方抠吗？所以，当你拿不准时，想象"这就是身边的一个男同事"。不要误判好人，也不要留下坏人。

8. 情感投射

不要把自己的情感问题投射到对方身上。比如你处在缺少爱的状态，就会对别人的反应患得患失。对方没有及时回复信息就发飙，立刻说："你要是不想回复我信息，可以直接说，上次你请我吃饭的钱我可以 A 给你。"对方这个阶段明明不知道自己是不是不喜欢你，但你这么一表达，男生立刻意识到，原来他不喜欢你。给对方负面情感投射，让对方有压力或直接引发冲突，没有必要。

9. 回复太快或太慢

升温期的聊天，回复太快会让对方觉得你过于依赖，而回复太慢则显得不够重视。应该怎么办才好呢？做你原本优先级高的事情，按照你的时间节奏，不要把重心转移到男生上。如果不忙可以半小时内回复对方，不要一直抱着手机聊天。如果很忙每天至少在睡前回复对方所有的信息。

升温期的错误往往源于过度的情感投入、错误的沟通方式和不当的关系处理。大家可以基于上述常见问题调整自己的做法，保持心态，保持耐心，慢慢去推进关系。就算回到上一步也没关系,停止内耗,勇敢重启,你就会越来越顺利。

建立依恋关系的几个步骤

30+的姑娘不会被动等待情感升温,那我们如何通过一些方法来促进关系升温,建立依恋关系呢?下面我们分成几个步骤,一步步带着大家来制造爱情。

表明意图,突破友谊

随着升温期见面次数增加,许多姑娘犯的错误是把男生变成了哥们儿,不停见面,最后关系变成了纯粹的友谊。这时需要赶紧突破友谊,因为我们不是来交朋友的,而是需要一个男朋友。如何突破朋友关系?关键在于让对方知道你的意图,表明你有意进一步发展。

首先,行动上可以"多情微浪"。升温期后,你可以开始有轻微的肢体接触,营造微妙的暧昧氛围。比如在人多的时候,可以轻轻拉他的衣角,或者帮他拿掉脸上的眼睫毛。这些小动作虽然看似简单,但可以传达出亲近的信号。这个阶段的肢体接触应适度,不宜过激,不要月光下热吻,容易"起火"。

其次,聊天聚拢到"你、我、我们"这三个核心的深度话题上。不要再聊工作、理想和张三李四的"国计民生",那是兄弟话题,我们要专注于彼此的关系。例如,可以问对方"咱俩第一次见面后，你回去都想什么了呀"或者"告诉我一个你从来没跟别人说过的秘密，就是咱俩的秘密了"。这些问题不仅可以拉近你们之间的距离，还能制造出独属于你们的回忆。

此外，你可以谈谈对你们关系的展望，比如"你理想的爱情是什么样？你不能容忍的感情是什么样"或者"你觉得你未来的女朋友是什么样"。这些问题不仅围绕"你、我、我们"，还可以帮助你了解对方对感情的期待和底线，也能让对方意识到你有与他进一步发展的兴趣。

再次，在行为上制造独家记忆。比如，把"你给我买杯咖啡吧"变成"我们一起去公园喝咖啡吧"，这样可以从让对方满足你的需求，变成我们的关系在推动。通过共同的活动，建立起"我们"的概念，加深彼此的连接。把"你打算未来在哪儿定居"偷偷换成"我们未来去哪儿"，潜移默化地让他觉得你是会加入他的未来的人。

当然，这个阶段还是以筛选为主，而不是一味上头。对方的回答应该是你用来判断他是否适合你的依据，而不是让自己立刻陷入其中。如果对方聪明地反问"我们未来是要在一起生活吗"，你可以机智地回答"说错了"，然后打车就跑。这种适度的撩完就跑，既能增加互动的趣味，又不会让对方觉得压迫。

通过这些方法，你可以逐步突破朋友关系，走向暧昧和恋爱的方向。记住，轻松、自然地推进关系，同时保持适度的筛选心态。不要过于上头，也不要沉迷于技巧。

建立依恋的几种方法

突破友谊的下一步就是建立依恋，让对方感受跟你在一起特别舒服开心，逐渐爱上和你在一起的感觉，让男生想要进一步发展关系。下面是一些建立依恋的方法，关系软实力比较弱的姑娘，可以重点学习。

1. 使用积极的语言来表达情感

积极的语言不仅能够更有效地传递你的关心和喜欢，还能增强双方的情感连接，避免因为负面表达而引起误解和矛盾。沟通中多肯定和引导，避免抱怨和指责。

- 示例1：表达对见面的期待

负面表达："你怎么总是那么忙，根本没有时间见面？"

积极表达："我真的很期待每次和你见面的时光，和你在一起让我觉得很开心。"

- 示例2：表达对沟通的需求

负面表达："你怎么总是不回我的消息？你是不是不在乎我？"

积极表达："我很喜欢和你聊天，每次收到你的消息我都很开心。"

- 示例3：感谢对方对你的支持

负面表达："你怎么从来不关心我的工作情况？"

积极表达："当你问起我的工作情况并鼓励我时，我感到非常温暖，谢谢你一直在关心我。"

2. 面对内心，真实表达自己

很多人喜欢隐藏或扭曲自己的真实感受，尤其是在很喜欢对方的时候。比如，有个姑娘明明很喜欢一个男生，但是当男生已经说了"我今年的愿望是很想谈恋爱"时，姑娘却回了一句"哎呀，哪个姑娘看得上你"。男生误判这个姑娘不喜欢自己，姑娘又火急火燎来找我求救。我们不是小学生了，不要守着欲拒还迎、欲盖弥彰的老思想。正确的做法是直接表达你的真实感受，可以说"那你要努力了"，然后做出娇羞的表情。真实地表达自己的情感对双方来说都是非常高效的、对彼此负责的做法，要主动避免误解和错过。

3. 通过细节表达在一起很开心

细节是打动人心的关键，通过细节表达你跟他在一起的开心能够有效建立依赖和依恋。

例如，可以说：

- "我很喜欢跟你在一起，尤其是上周我们一起去海边，我觉得很舒服。"
- "我觉得你选的地点很好，离我很近，太体贴了，你身边的人一定都很幸福。"
- "今天跟你在一起真是太开心了，我感觉连我自己都变得温柔了。"

这些表达大家一定要多说，这是我的夸人绝学，会让男生感觉到这种幸福"是由我带给你的"。你想不想每天跟一个很开心的人在一起？他夸奖你时你要赞扬他，要给他带来愉悦的氛围，展示你的优点和你的标签，让他记住你，让他记住跟你在一起的感觉。

4. 多从侧面描绘未来

可以通过适度描绘你们共同的未来，让对方对你们的关系产生向往。

例如，可以说：

- "未来我们会在北京生活吧。"
- "你说明年这时候我们会在干吗呢？"
- "你想要男孩还是女孩？"

这些话题不仅可以拉近你们的距离，还能让对方开始思考你们的未来，增加依恋感。

5. 不过分热情主动

很多性格外向、社交能力强的姑娘在升温期容易过于主动，反而让对方感到压力。记住要保持真诚，不要过分。如果控制不好尺度，可以在线下少说话，把主场交给男生，盯着男生的眼睛微笑就好了。线上也要控制自己，不要"思路乱飞"。

6. 把控主动频率

主动的频率要适度，关系能力第一的姑娘可以按照自己的方式来。其他类型的人要注意主动和被动的平衡。让对方主动两次，你发起一次话题，重点还是线下展示。发文的字数和对方相当即可，保持适度互动。

7. 脆弱时刻在他身边

只要你想突破目前的关系，就多去关心对方，尤其在所有脆弱的时刻，你要在他身边。核心是让他放松，让他笑一笑，让他的身体记住"不管外面再累，跟你相处的感觉都是松弛的"。这个阶段重要的是让他爱上跟你在一起的感觉，不管你的外貌、你的性格，也不管你的社会性，用感受判断"跟你在一起的时候很好，很舒服"。所以当他很脆弱的时候，不要试图帮他解决问题，也不要专注于照顾他的日常起居，重点是帮他放松。怎么样去表达呢？

例如：

- "你累了，那我去给你买杯奶茶吧。"
- "被老板骂了，那我明天去敲打你老板吧。"
- "你生病了，我给你订点水果吧。好点了吗？是不是你有力气了，让我慰问你一下吧。"

在建立依恋的时候，如果你的关系能力强，可以主动引导推进升温；如果对方的关系能力更强，你可以采取肯定和鼓励的方式让男生推动关系。多使用正面的语言和行为，多描绘未来，让男生不断感觉到和你相处快乐又甜蜜，越来越离不开。到这时，差不多就正式开始升温啦。

男生开始"上头"的信号

当你预埋了前面的步骤，男生跟你约会后还是聊聊工作、遛遛弯儿回去了，那多半是升温失败，要回到原点，别以为男生愿意见面、愿意聊天，就说明男生也开始"上头"。男生想要突破你们原有的朋友关系，进入暧昧阶段，有以下几个明显的信号，姑娘们可以参考。

1. 他开始肢体接触

一个常见的信号是男生开始尝试更多的肢体接触。这些肢体接触可能是：牵手、轻轻扶你、拉你一把、搂你一下。这些动作表明他在试探你的反应，想要进一步拉近你们之间的距离。

如果你不喜欢或觉得进展太快，可以直接表达你的感受。比如，如果对方要拉你的手，你可以说："网上都说这是'渣男'套路，好男人才不会还没确认关系就跟别人牵手。"这样既明确了你的界限，又推动了关系。

2. 他送贵重礼物

另一个信号是男生开始送你一些礼物，可能是比较贵重的东西，以试探你的心意和反应。如果你觉得礼物太贵重，不想接受，可以说："心意我收下了，礼物先不收。"既接受对方的心意，又给自己留有余地。或者，你也可以选择收下后回礼，表示你的感谢和回应。

3. 他开始谈感情观

男生开始和你谈论感情观也是一个明显的信号。他可能会问你对感情的看法，或者聊他理想中的好伴侣是什么样的，甚至问你们家乡娶妻的条件。这时，你可以直接回应他的好奇心。例如，当他问你这些问题时，你可以说"你想问我什么，直说"，既表现出你的坦诚，也让对方感受到你对这段关系的认真态度。

4. 他说"你这种女孩"

男生会有意无意地指出"你这种女孩"是他的理想型，这也是一个信号。他可能会说："你这种女孩真的是很特别。"暗示你就是他心目中的理想对象。面对这种情况，你可以调皮地回应："怎么感觉有人在报我的身份证号呢，那我对号入座了呗。"

5. 他频繁联系和展示你

男生可能会更频繁地联系你，发送信息，分享他的日常生活，甚至在社交媒体上展示你们的互动。这些行为表明他希望你在他的生活中占据更多的位置，并且愿意让朋友知道你的存在。

6. 他主动邀约和计划未来

他会主动邀约你参加各种活动，甚至开始计划你们未来的行程。他可能会说"下个月有个音乐节，我们一起去吧"或者"明年这个时候，我们一起去旅行好不好"，这些主动的邀约和未来的计划表明他对这段关系有长期的期望。

7. 他开始关注你的细节

他开始关注你的各种细节，比如记住你喜欢的食物、颜色、习惯，甚至会在你提到某件事后马上采取行动。这种关注和用心表明他在乎你，并且希望通过这些细节打动你。

当男生"上头"时，这些信号可能单一出现，也可能组合出现。只要出现这些信号，并且你也想继续发展，那就照单全收，顺势推动关系。如果你不想进一步发展，可以委婉地表达你的态度，例如："我觉得咱俩都是认真的人，都想要开始一段认真的感情，咱们再相处一个月试试。" 这样既不伤害对方的感情，又给双方留有更多的时间和空间去了解彼此。

男生还在冷静期怎么帮他升温？

如果遇到男生还在冷静期，关系停滞不前，或者你们进度不一致的时候，可以通过一些小技巧让你们的关系偷偷升温，基于目前的互动和了解，在关系中适当加一些粉红泡泡。

以下是 3 个小妙招。

招式 1：偷偷把"你、我"换成"我们"

在言语中巧妙地将"你"和"我"的事换成"我们"的事，可以让男生自然地将你和他联系起来，潜移默化地增加亲密感。例如：

● 男生说："最近很累，老板要把我玩死了。"

普通回应："加油撑住，小伙子。"

我们回应："注意身体，不然我还得陪你去医院，咱们不花冤枉钱。"

● 男生说："天气不错"＋配图一张

普通回应：发一张图回过去。

我们回应："下次我们一起去看。"

● 男生说："今天下班有点晚。"

普通回应："早点回家。"

我们回应："你又要一个人回冰冷的小屋了。"

你的回应要始终把你自己放进男生的画面中，让对方不自觉地将你们联系在一起，形成一种隐形的亲密感。

招式 2：语言上"动手动脚"

在日常互动中加入一些"动手动脚"的表达，增加互动的趣味性和暧昧感。例如：

- 男生说："最近很累，老板把我玩死了。"

普通回应："加油，撑住，小伙子。"

动手动脚回应："摸摸头，要撑住呀。"

- 男生说："天气不错" + 配图一张

普通回应：发一张图回应。

动手动脚回应："没看清，坐在你肩头才能看清。"

- 男生说："今天下班有点晚。"

普通回应："早点回家。"

动手动脚回应："捧脸我的小可怜，辛苦啦。"

这些语言上的"小动作"能够在不经意间增加彼此的亲密感，但要注意控制在适度范围内，不要过激到"那我给你揉揉大腿呀"的程度。

招式 3：不同层次的夸奖

多夸奖是非常有效的升温技巧。随着感情逐步深入，从夸"他的周边"到夸"他的本身"，到"你离不开他"。夸他作为你未来伴侣非常合适的地方，夸你想让他强化的地方，帮他树立未来努力的方向。不同层次的夸奖可以在不同阶段使用，从微夸到大夸特夸，逐步加深对方对你的好感和依赖感。

- 微夸：针对一些小细节进行夸奖，要不经意地夸。

例如："今天我的茶杯从来没空过，谢谢你哦。"

- 加深夸奖：关键词要用到"第一次"，树立他本身的形象。夸奖他的特质和行为，让他感受到自己的特别。

例如："第一次碰到这么会照顾人的男生，让我体验了一把女明星的生活。"

- 大夸特夸：传递出对对方的高度依赖和感激，要有"没你不行"的感觉。

例如："跟你在一起真的好幸福，都不知道没你的日子该怎么过了。"

通过夸奖，不仅能让对方感受到你的认可和欣赏，还能引导他在你身上投入更多的情感和精力。甚至脱单全程，都是多多夸奖对方。到升温期后，更是可以多使用后面两种夸奖方式。

当你们开始暧昧，感情升温时，重要心法是"嘴甜心硬"。在互动中多使用甜言蜜语，通过语言表达你的欣赏和关心。同时，保持冷静和理智，始终知道自己的目标是筛选。

很多姑娘担心嘴甜了男生就会飘上天，会觉得自己很好。实际上，你不夸他，他也会飘上天，关键是要掌握好技巧和时机。娱乐圈让人膨胀，但有哪个明星愿意离开呢？人类都享受被认可和追捧的感觉。不用担心你会不会让男生膨胀，你有这个能力是好事。

上面的招式偏技巧，但只要心是真诚的，用在正确的阶段就没问题。为什么用在之前和之后的阶段不行？因为之前的阶段用你会招来"短择男"，之后的阶段用这些技巧则无法维系关系，因为技巧这不是关系永久的保证。所以以上的方法是这个阶段限定的，大家在使用前要确认自己所在的关系阶段。

如何把你的好感信号传递给他？

这个阶段很多姑娘已经没日没夜在想男生了，但男生完全处在状况外。如何让男生知道你对他很感兴趣，在脱单中很重要，它能够逐步拉近距离，是成功推进关系的关键。下面是一些小招数，帮助你表达心意，让男生感受到你的"信号"。

咒语一：喜欢

多用"喜欢"这个词来表达你的兴趣和欣赏。直男有时候听不懂夸奖，这时候你需要单刀直入地用"喜欢"这个词。从小事开始说，"喜欢"与他相关的各种小细节，让他明明白白地感受到这种"喜欢"是有针对性的爱屋及乌。

- 他换了发型，你可以说："我挺喜欢你这个发型，很清爽。"
- 他送了你一个实用的礼物，你可以说："我挺喜欢这个充电宝，你很会挑。"
- 他安排了一次舒适的约会地点，你可以说："我很喜欢你挑的这个地方，咱俩都很方便。"

在线上聊天时，也要保持这种表达方式。例如他说"今天在单位接了好几拨客户，从马来西亚、韩国、泰国来的，我都送到酒店去了",普通回答是"你累了吧？快歇歇吧",用咒语的回答则是"我就喜欢你这么细致,我要是你老板,爱死你了"。他大概率会回："那你不是我老板就不爱了呗？"直女的错误回答是"对啊,你又没给我当驴",正确回答是"我确实想当你老板,想要霸占你的时间"。

另外,聊天需要层层递进,记得自己说了喜欢他什么,后续聊到你理想伴侣的样子时,让他对号入座。比如你说过"你给人感觉特成熟",以后聊到你喜欢什么样的人,你就说"我喜欢成熟款的",让他感受到你的信号。

咒语二：如果你在

这句话能够塑造属于你们两个人的亲密画面。随着熟悉度加深,逐渐要做的是让双方加深依赖,让他感受到他被需要,让他感受他在你的生活中很重要。

- 今天一个人搬家,手都磨破了,好累呀。

改成：今天一个人搬家,手都磨破了,如果你在的话,就可以帮我一起搬柜子了。

- 楼上又来跟我吵架了,那个男的嘴好脏啊。

改成：楼上又来跟我吵架了,如果你在的话,我就跟他们狠狠地干一架。

- 今天跟闺蜜去吃了一场,最后一茬大闸蟹都只剩公的了。

改成：今天跟闺蜜去吃了最后一场大闸蟹,如果你在就好了,可以尝尝今年的公蟹怎么样。

大家可以感受普通句子和修改后的不同,"如果你在"塑造了属于你们俩的画面,这是不可取代的。很多姑娘内心已经有这个画面了,那就说出来,让对方知道。

咒语三:"种心锚"

这个阶段要做一些事情让他想起你,让他觉得总在想你。核心动作是做一些事情让他联想到你。因为每次想你是随机触发,多次触发就会让他觉得"我怎么总在想这个姑娘,我怎么这么喜欢这姑娘"。下面这些"种心锚"的小动作你可以试试。

礼物法

最简单的方法是约会时送一些他会经常用到的小礼物,让他每次使用时都能想到你。注意不要送食物和花这类一次性消耗品。可以送一个充电宝、杯子、电动牙刷等高频使用的物品。天天使用,天天想起你。

早安晚安法

每天早安晚安的问候,建立男生固定的联系习惯,建立你们之间稳定专一的连接。比如我有个学员,她特别擅长用早安给男生种心锚。她希望男生一睁眼就想起她,所以她让男生一起床就发信息给她。这种种心锚需要持续引导,做对了就夸,做错了就撒娇指正。如果男生没发,错误的做法是"为什么没有给我发早安,我很生气",正确做法是"你今天怎么没给我发早安,人家睁眼起来都没看到,好失落呀"。通过这种方法,这个姑娘牢牢占据了男生"每天第一个想起的人"的位置。

昵称法

其实喜欢就会不自觉地给对方起一个特别的昵称,这意味着亲密和专属感。

昵称日常使用,把"你今天做了什么这么开心"换成"张总今天做了什么这么开心",他自然就会接"去跑步了,新路线超有意思,下次带你一起"。瞬间让男生对你有更多倾诉欲。

那么,昵称该怎么起呢?

- 捧他:"小帅""张总""张大哥""张老板""欧巴""张公子"。
- 可爱:"张张""张张包""张师傅"。
- 基于特质:"老饕""发明家""思想家""超人"。
- 联想法:"橙子"(你爱吃橙子,那我以后叫你橙子)。
- 做错事或委屈时:"憨憨""傻袍子""笨笨""呆子"。

昵称不同,带给对方无限的想象。比如"张公子今天在干吗""发明家今天在干吗""笨笨今天在干吗",你可以感受到不同昵称代入的不同情景,激起无限的情绪。想要突破搭子关系,他得对你有情绪。

以上我们的所有思路,都是为了让你们从兄弟关系转变为暧昧关系,让男生意识到你是一个合适的女朋友,而不是停留在"你是个好人，我们做朋友挺好"的阶段。要让男生爱上你，让他觉得"我要跟你在一起"，我要以爱人的身份站在你身边。随着感情的增加，你可以活学活用上面的方法，让他感受到你是一个有魅力的女生。

暧昧期如何确认他是对的人？

升温进入暧昧期应该怎么在感情上加深，怎么把彼此看得更清楚，进一步完成筛选呢？随着感情加深，我们可以在约会、日常见面上做出改变。

1. 过家家约会法

见了很多次了，约会就不能再只是吃饭和看电影这种常规的活动，而要融入日常生活，进行"过家家"式的约会。通过将约会放进日常生活中，可以自然地让你们的关系更亲密。比如，可以一起去逛家居店、去超市买菜、去酒吧放松、去家里做饭、去公园散步、爬山等。我和我老公当时最爱散步遛弯儿和选餐厅游戏，所以我们的约会就是逛吃逛吃。通过这些日常活动，你可以看到对方的软实力，了解他是否有责任心、是否细心体贴等。

2. 探索约会法

探索约会法是进一步了解对方的好方法，可以用下面三种方式：

一起学习新的事物

看看他如何学习新事物，用什么心态学习新事物，当不擅长时是否仍愿意喜欢和尝试。他学习的方式是什么，你喜欢和他一起学习的过程吗？你会不会觉得跟他在一起有所成长？

我遇到过一个男生，他在学习做饭。正常情况下，一起做饭是个很好的"恋爱团建活动"。但是，他全程不让我进厨房，做饭过程大概三个小时，只要我一进厨房，他就显得非常紧张，压力很大，担心害怕，无法接受别人的注视。他的学习方法是把抖音做饭教程放慢到0.5倍速反复看，反复钻研。他的个性很怕压力，害怕外界声音，任何波动都会影响他的发挥。

当你们一起学习新东西或者他在教你某些东西，比如带你打游戏时，他的状态如何？他会带给你什么样的感受？这些都是未来生活中可能会出现的情境，所以探索约会法非常重要。通过观察他在这些环境中的表现，你可以更全面地了解他的性格和应对压力的方式。

一起小冒险

不一定要去远方探险，可以一起去一个你们都没去过的新地方。比如一个从未探索过的公园或景点。通过这样的冒险，观察他如何准备和应对，能让你了解他是否细心、体贴，以及他面对未知事物的态度。

我老公是一个事无巨细的人，去一个新的地方，他会准备好一切，从早上出发就准备好热牛奶，安排好每一步的细节。

这些小冒险是他生活方式的展现。这让我看到了他的贴心和细致，但也代表他花大量时间做小事，乐此不疲。

一起玩游戏

游戏是观察一个人性格的好方式。通过玩桌游或其他竞争性游戏，可以看到他在压力下的表现、是否好胜、如何面对输赢等。这样的互动可以让你看清他在与人相处和处理问题时的真实状态。

有一次我和我老公一起玩一个桌游，我在游戏中扮演杀手，而他扮演我的哥哥，他要来掩护我，但我们互不知道彼此的身份。全程我都是个大笨蛋，即使游戏结束了，我还不知道是谁在守护我。但他自始至终都非常温柔，不会因为输赢而争执。你可以想象一下，其他人在玩桌游过程中，可能会骂骂咧咧，甚至掀桌子，重新推理复盘。

玩完游戏后，你可以思考：他是一个强势的人吗？他是一个愿意跟你沟通的人吗？他会尊重你吗？面对挑战时，他是放弃还是坚持？他是个好胜心很强的人吗？在输赢的时候，他是什么样子？你和他一起玩游戏时，是感到自在还是压力很大？

3. 完整的自我暴露

当感情进入暧昧阶段，感情在升温，这时候我们聊天不再是"聊事"，而要深入下去告诉他"我是谁"。聊天不能再是简单的日常话题，而要深入彼此的内心世界。特别推荐一个非常好用的工具，是美国心理学家阿瑟·亚伦设计的让陌生人迅速相爱的 36 个问题。

大家不用着急做这个测试，尤其是一开始跟陌生人做，效果不好，因为双方都还没有准备好绝对坦诚。但在暧昧期，这个测试会超级好用。大家先根据示意感受一下每组题目，然后我再告诉大家更本土化、更适用于脱单环境的玩法。

这 36 个问题被分为三组，每一组比前一组涉及内心更柔软的地方。原理非常简单，两个人互相袒露内心的脆弱，拉近彼此的距离。用研究者的话来说，人们之间建立亲密关系，关键在于持续由浅入深地分享内心非常私密的想法，让一个人对另一个人解除戒备，将自己的柔弱之处完全暴露在对方面前。

请大家搬好小板凳，我们 36 个问题要开始了。

第一组问题：

- 你想出名吗？你想怎样出名？
- 对你来说，完美的一天必须包含哪些元素？
- 说出你和对面这个人的共同之处。
- 花 4 分钟尽可能把你过去的生活故事讲给对面的他／她听。

第二组问题：

- 有没有哪一件事情是你早就梦想着要做，但一直没做的，为什么没有做？
- 你人生中最大的成就是什么？

- 你最珍视的回忆是什么?
- 你最糟糕的回忆是什么?

第三组问题：

- 各自用"我们"造三个陈述句，比如"我们都在这个房间里""我们都是很可爱的人类"。
- 如果你告诉对面的他，你喜欢他什么地方，请诚实地说出你一般不会对刚遇见的人说的话。
- 告诉对面的他，你已经喜欢上他哪一点。
- 与你对面的他分享一个私人问题，询问他的建议，听听对方如何处理这个问题。请对方告诉你，从他的角度来看，你选择这个问题反映出你什么感受。

大家可以参看书本附录中的 36 个问题完整版，也可以找资料仔细了解一下。这个测试在升温期非常好用，是建立亲密关系非常有效的工具。但在实际操作中，我们需要对这套问题进行一些改良，以更适合现实的约会环境。

完整回答 36 个问题大概需要 90—120 分钟，这在一般约会中很难实现。因此，可以采用游戏改良的方式，双方互相抽问题，每人回答 12 个问题。这样既能看出对方的真实反应，又不会显得过于正式，让双方产生比较大的压力。

我闺蜜和她的老公做完这个测试后，立刻告诉我，这些问题让她"有点怀疑婚姻的决策，这个人不对"。因为她发现她老公底层价值观特别悲观，一辈子安于现状，完全不想上进，这跟她存在巨大分歧。只可惜结婚之前，他们双方从来没机会做这样的深度交流。

另外，36个问题在脱单环境中不适合多次使用。因为当你每次与不同的人使用，需要展示真实的临场反应，但做过了就可能会有表演成分，被对方发现。因此，建议改良的方法是双方轮流抽题，每人每组抽4个问题，每次互问不同的问题，避免重复。

最后，在回答这些问题后，还有一个重要的环节是对视。一定至少进行1分钟的对视，深深地把对方看进眼睛里，这个环节对感情升温非常有效。

还有一个小妙招，通过这个测试传达你的心意，也就是怎么跟男生说要做这套题。你直接说网上有一个有趣的小测试，想跟对方一起玩。然后，念这个测试的名字"让陌生人一见钟情的36个问题"。就算是大直男，看到这个题目，也明白你什么心意了。

很多人会说，暧昧的时候很美好，但进入关系后发现对方和自己想象的不一样。既然如此，为什么不在约会过程中尽早了解对方，看看你们是否真的合适呢？这个36问改良游戏做完，你们一定会对双方价值观和内心世界的了解上一个新台阶，许多底层分歧会在这里得到充分展示，希望你们彼此都能经得住这套题的考验！

超心动,怎么让暧昧向恋爱过渡?

在经历了一系列难关后,如果你们双方已经经受住了这些考验,并且对彼此产生了强烈的心动感,那么接下来就是进一步推进关系的时候了。以下是几步关键的策略,帮你顺利从暧昧向恋爱关系过渡。

1. 不经意地向对方表达好感

不经意地向他表达你的好感,观察他的反应。你可以通过巧妙地扭转话题,间接地让他知道你对他的兴趣。例如,可以问他:"你喜欢什么样的女生?你的理想型是什么样?"然后到你描述你的理想型时,故意说一些符合他的特点的描述:"我就喜欢成熟的男生,觉得高个子特别有安全感,觉得工作努力特别重要,让我很崇拜。"不经意向他表达好感,让他自己对号入座。

2. 表达对对方情感状态的关切

直接询问他的感情状况,并巧妙地提出需求。比如你们已经经常出去约会,对方可能还会见其他人。你可以用一些轻松的方式表达,例如"如果还有别人约你的话,记得要打报告哦,我也不是不通情达理的人",或者"你空闲的时间还有别的美女插队吗",再比如"你还会做那些让我吃醋的事情吗"。这些问题既可以表达你的在意,又不会显得过于紧逼。

3.让对方把你当作异性看待

改变对方对你的看法,让他真正把你当作一个女性来看待,而不仅仅是朋友。你可以稍微改变一下发型和服装,突出你的女人味。例如,之前穿休闲服,现在可以选择穿修身的衣服。或者在聊天中偶尔提到一些其他男生,或者在朋友圈发布和其他男生的大合照。你也可以透露一些你的其他事情,比如"最近都是我搭我同事的车顺路回去的,还挺方便的"。通过这些方式,让他意识到你不仅是他的朋友,也是一个有吸引力的女人。

4.告诉对方你想要稳定

明确告诉对方你有稳定下来的想法。比如,直接提出你对未来的期望,描绘一些具体的画面:"好想有男朋友,好想有人跟我一起过猫狗双全的生活。"当你们的关系陷入暧昧时,必须有一方勇敢向前一步,主动表达出对未来的期望。你可以做勇敢发起"未来邀约"的那个人,让对方感受到你的认真和期待。

5.共同规划未来

如果之前的约会中没有打探过对方的社会性,那就用规划未来的方法,把事情问明白。你可以问一些关于未来的问题,例如"未来你打算在北京买房吗?租房有没有安全感呢?我的想法是,如果结婚,有房无房无所谓,但要宝宝的话,有房会比较好呢","你爸妈打算抱孙子吗?你想要几个"。这些社会性的问题会随着你们好感逐渐确认,了解逐渐加深,而变成水到渠成要展示的部分。

通过上面这些步骤，你可以更清楚地看清目前这个人是否适合你，是否值得你进一步投入，决定是要接受他还是放弃他。这个阶段的核心命题是确定对方软实力是否合适，价值观是否匹配，是不是对的人，而不要仅仅因为互相心动、"上头"而盲目推进确认关系。很多人会"翻车"，就是因为急于推进关系而忽略筛选的重要性。

第七章　表白期：确认对方并引导告白

终于，我们走到了确认关系的这一步。在经历了如何破冰、如何升温、如何暧昧的阶段后，现在是时候讨论表白了。但是，就像我们之前所说的，任何时候都要保持心态的稳定。在表白这个关键时刻，我们依然要保持随时离场的勇气。脱单的整个过程不单纯是心动的过程，更重要的是一个筛选的过程，他是否有胆量和你在一起，还有待"表白"来进一步考察。

希望姑娘们经过表白期课程的学习，要么成功脱单开始一段甜甜的感情，要么果断斩断那些错误的情愫，并不是每一个和你暧昧的人都需要走到确认关系的这一步。

进入表白期的一些信号

在恋爱关系中，判断是否进入表白期是推进关系的重要一步。男女双方在这个阶段都会出现一些特定的行为标志，这些标志可以帮助你确认是否已经到了可以表白的时机。以下是详细的叙述，分别说明男女双方进入表白期的标志。

你进入表白期的标志

很多姑娘之所以单身是亲密关系经验比较少，不知道什么时候该主动，而不知道主动的时机又在于不清楚自己的感受和进度。我接触过的很多学员都无法分辨暧昧到表白之间的界限，怎样才算进入可以表白的阶段？

1. 亲密度的提升

亲密度的提升是表白期的重要标志之一。比如你和对方互相去过对方的家里，你感觉是安全的、喜欢的，那就意味着你们的关系进入一个更加私密和信任的阶段。这种亲密性不仅体现在物理空间的共享上，还体现在情感上的安全感。许多学员反馈，第一次去对方家里时，会感到一种莫名的熟悉感，仿佛进入自己的家。

2. 生理性的喜欢

生理性的喜欢是另一个强烈的表白期信号。当你对对方产生生理上的吸引，身体会本能地表现出"我对他有感觉"。例如，每次见到对方时，你会情不自禁地微笑，甚至会不由自主地靠近他，你会希望和对方身体接触，像牵手、拥抱和亲吻等。这种身体上的反应是你内心情感的直接体现。

嗅觉在生理吸引中也起着重要作用。如果你觉得对方身上的味道很好闻，这是一种生理性喜欢的表现。从生理角度来说，人体会分泌一种叫作费洛蒙（信息素）的化学物质。这种物质无味，但是它可以直接影响大脑中负责情绪和情感的区域。当你喜欢某个人时，大脑可能会对对方分泌的费洛蒙有更积极的反应，让你产生一种愉悦感，这种愉悦感可能会让你觉得对方身上的味道很好闻。

3. 习惯的改变

当你发现自己的日常习惯因为对方而改变时，这也是进入表白期的标志之一。你会发现，只要对方约你出去，你都会答应，甚至会排除万难去见他。你会把他当成第一个要分享的对象，难过、好笑的事情都想第一时间告诉他；你甚至开始关注他的各种小事，比如他每周的星座运势。这些改变表明你已经不自觉地把他放在了心中的重要位置。这些小的信号都是你内心不断提醒自己"我好喜欢他"的表现。

此外，如果你心里一直有声音在呐喊："他为什么还不跟我表白啊？他这个时候如果跟我表白，我就会立刻同意！"那也要恭喜你，你已经坠入爱河。

男生进入表白期的标志

男生喜欢你的信号其实很明显，即便他是超级"大直男"，你也能清晰地捕捉到他的信号，我们一起简单体验一下。

1. 频繁的互动联系

男生进入表白期的一个明显标志是他会频繁地与你互动联

系。如果他总是主动找你聊天，并且经常安排时间与你约会，说明你在他心中占据了特殊的位置。他享受与你在一起的时光，并希望更多地了解你。这种频繁的互动和联系表明他对你有很强的兴趣和好感。

2. 正面回应你的肢体接触

当你接触到他时，他会表现出轻微的紧张或兴奋。例如，你碰到他的手臂，他会显得有些紧张或僵硬，这表明他对你的接触感到高兴和期待。这种正面的肢体反应是他对你产生好感的一个重要信号。

3. 对你的肢体接触很尊重

他对你的肢体接触表现得很尊重，甚至有些笨拙，而不是像其他男生那样对你动手动脚。这种尊重表明他非常在意你的感受，希望给你留下好印象。他希望通过这种方式向你传达他的真诚和认真。

4. 更多关心和照顾

男生在进入表白期时，会表现出对你更多的关心和照顾。他会注意你的感受，主动为你解决问题。例如，当你遇到困难时，他会想要看看自己能提供什么帮助，或者察言观色，在你不开心时尽力安慰你。这种关心和照顾表明他非常在意你，希望通过实际行动来表达他的心意。

5. 聊天时兴致勃勃

他在与你聊天时表现得正面积极，对你也充满探索欲。如果他能记住你说过的小细节，并在之后的对话中提到，这表明他很用心地在听你说话。这种用心和关注是他喜欢你的明显标志。

6. 他感兴趣并想加入你的生活

首先，他会密切关注你的社交媒体动态，比如在微博、朋友圈上总是点赞或评论你的动态。这种强关注表明他对你的生活非常感兴趣。

其次，他会主动提出见你的朋友，或者希望加入你的生活圈子。这表明他希望更多地了解你，并愿意融入你的生活环境。

7. 一见你就笑

跟你的生理性喜欢一样，如果男生和你在一起时，总是很想靠近你多一些，总是很开心，脸上总是堆满笑容。那这种发自内心的快乐就表明他非常享受与你在一起的时光，对你有很强的好感。

我们前面说过，真正好的关系是水到渠成的，一切都很顺利。顺利的原因就在于大家有清晰感受自己和对方的能力，能够默契地通过一些标志和信号，更有信心地推进关系。因为能够读懂信号，你就能不断获得正反馈。因为有信心，你就可以做坚定的选择。所以每一个阶段大家都要分辨明确的信号，之后明确你所处的阶段，才更能有的放矢地采取正确的策略和行动。

暂时不适合脱单的 3 种情况

在开始表白期的实战之前，我必须先泼点冷水，提醒各位，如果发生下面 3 种情况，不要接受告白、不要确认关系，也不要开始恋爱。

1. 把脱单当成生活解药的姑娘，不要脱单

到这个是否脱单的临界点，希望大家重新审视自己脱单的理由。对我们来说，明确目的再出发，是更高效的决策。你是一个人已经生活得很好，想找一个伴侣过更幸福的生活，还是你现在独立生活已经有很多问题，你希望通过找到一个伴侣改变不太幸福的状态？

我有个学员，每段恋爱都是一到两个月，每次开始前她来找我咨询意见，我都告诉她这个男生不适合，但是她总是因为生活不顺、家里有事、工作有变动等，选择跟这些男生在一起。因为她把感情当作生活里的甜蜜解药。她故事里的男生每个都很主动，但每次她跟这些不合适的人在一起，都是快速开始，又快速被抛弃。恋爱变成了快餐，本来应该甜蜜的感情，迅速发霉，让她的生活更加雪上加霜。

如果你是跟她一样的姑娘，这个阶段建议你不要开始恋爱。因为这时候的爱情不会变成解药，更有可能变成生活的毒药。当你承担不了感情的任何变故时，这段感情就拿不住。只有当

你生活的其他部分是完整的,你不通过谈恋爱来改善生活时,才可以确认关系,开始一段恋爱。

2. 为脱单放弃底线的姑娘,不要脱单

脱单是一个选择队友,建立边界,重建生活的过程。

如果你考虑的是长久、稳定、优质的关系,约会可以帮你们深度认识彼此,评估是否可以开始一段感情。但你如果不经历多次约会,单纯因为"心动'上头'、需要男人、不想单身"而快速脱单,那你将会彻底失去真正了解他的机会。不要因为想要脱单而忽略自己对伴侣的选择。长期来看,委曲求全的人会让自己深陷不合适的关系。

姑娘们在确认关系前,一定要立下自己的界限,告诉对方、其他人应该怎么对待自己。这是你人生中,必须告诉身边人应该如何对待你的时刻。很多姑娘后期面对家人催婚、被强势男士带节奏等问题,都是因为在关系前期没有告诉对方该怎么对待自己。界限不清晰,从而让别人不停地入侵你的生活。

关系初期,你可以直接告诉男生:"我不想太晚约会,我不想跟你朋友去KTV,我不想这么快就牵手接吻发生关系,我不喜欢你对我大喊大叫。"当你提出自己的界限,设立自己的规则,观察对方能不能尊重这些界限。如果你立下明确界限,对方还是反复突破,说明他不尊重你,你们并不合适。那么,在这段关系中,你应该尽早抽身。

3. 对方不符合你理想生活的想象，不要脱单

有个学员问我，她的理想男嘉宾，总是有意无意地透露未来想要开放式的生活，这种情况该怎么办？这种情况，当然是分手。

很多姑娘看别人的问题很清晰，到自己这里就一本糊涂账。经常有姑娘问我，喜欢一个男嘉宾，各方面条件都合适，但总有各种各样的问题，这种情况该不该确认关系。在确认关系之前，发现彼此差异很正常，但大家需要分清楚状况，不涉及根本原则的小事可以迁就，只要涉及核心价值冲突、人生规划冲突的问题，都不应该轻易妥协。比如在哪里生活，要不要小孩，彼此的人生目标，以及对未来结婚组建家庭的想法，等等。所有涉及你实现理想生活的事，都要据理力争。一旦遇到根本无法改变的原则性问题，尽早结束关系，斩断情丝。不论你多么喜欢他，都不要在他身上浪费时间。

大家要密切关注上面 3 种绝对不能脱单的状态，虽然我是脱单实战派，但我希望大家能脱个好单。有些恋爱是注定要分手的，不希望你们在不合适的关系里不断受伤。

表白之前，先调整心态

上面绝对不能脱单的状态里，其实都藏着一种强求，一种"我现在需要，遇到你，就非你不可"的心态。一旦你开始焦虑，

开始强求，开始心态失衡，就会失掉目标，失去理性。所以，在讨论如何表白之前，我们需要校准一下心态。

举个例子，我们找伴侣就像在市场上摆摊卖鞋。男顾客先到一个摊子，女摊主坚持自己的鞋值100元。男顾客走了，说再看看市场上更便宜的鞋。男顾客来到第二个摊子，他还价到80元，女摊主同意了，他立刻问，能不能再加双袜子？女摊主为了成单，又同意了。结果男顾客感受到的是"这鞋打折这么多，还送袜子，肯定质量不好，算了，不要了"。

大家觉得这两个摊主最终谁的生意更好？其实说不准。因为很多时候成交与否不是由你决定，而是由顾客是否有消费能力和消费意愿决定的。金牌销售的核心能力在于识别顾客的消费能力和消费意愿。当她的客户都是优质客户，成交概率自然才会更大。

坚持100元的和8折送礼品的鞋子，哪个质量更好？也很难说。也可能打8折的鞋子更好穿。但回到两个女摊主，你会觉得谁的鞋更有价值？大部分人大概都会觉得是坚持原价的摊主。因为她从心态到行动为自己的鞋子保值，"老娘鞋超棒，品质最好，打什么折，我把你腿打折。爱买不买，全没所谓"。买到这家的鞋，你大概也想花更多精力去保养和爱惜它。

再回到脱单的我们身上，上面的案例能不能给我们一些启发？

很多姑娘在一段关系前期，一旦觉得对方特别好，自己特别"上头",对方说什么都相信,一味忍让对方。他说之前谈恋爱都是前女友追他,所以他不主动,你就自觉主动起来;他喜欢打游戏,你就陪他打;他不喜欢发消息,你就说算了别发了,见面聊;他不约你,你就说别约了,你来安排约会。"老师,让他跟我表白根本不可能,他都说了他很被动,这样不把他吓跑了吗?"通过压抑委屈自己来博取对方的好感,那你就是第二个摊主。

你的鞋子靠"骨折"价就能卖出去吗?你们的关系是因为在玩游戏这件事上投其所好就决定的吗?我们应当让对方知道我的价值,如果对方想跟我继续走下去,他应该付出相匹配的价值。

有姑娘问那到底能不能打折送礼品,是不是应该展示自己的诚意?当然,你应该展示诚意,但是你需要以"全没所谓"的筛选心态代替"非你不可"的逼单心态。

脱单也是一样的,主动出击,态度好,把大概符合你需求的男生筛选出来,再通过有脑主动的方法确认你的伴侣画像。到这一步也不可能所有人都能走下去,还需要看对方真实的想法。当然,有些优质顾客可能随时说要再看一看,货比三家也正常。所以心态要稳,一步步筛选,筛选过程也是在让对方了解你的原则。

你卖的鞋是限量款,你要做的最重要的事,不是打折送礼品,而是把它的价值展示出来,让对方想买就拿出匹配的态度和能力。在关系中，不要担心提了需求对方会跑，也不要担心提了标准后对方能不能做到，这些你控制不了。你能做的就是把自己的"产品"做到足够好，筛选出足够多符合需求的"顾客"。这个顾客不成交，咱们就找下一个，"限量专卖店"的生意真的很忙。

脱单要稳，心态要好，展示自己的价值，吸引符合你需求的人。当大家的心态是"全没所谓"，那你就做好了脱单准备，可以开始迎接表白了。

迎接表白：由谁主动

当你们的心态和筛选都已经到位，这时候就到了表白环节。我们只建议男生表白，因为这更能够确认男生的真实意图，同时当男生主动迈出这一步时，意味着他们已经经过深思熟虑，并愿意为这段关系负责。这种责任感对于维持一段稳定、长久的关系非常重要。

如何暗示对方可以表白了？

那应该怎么跟对方说"表白"这件事，怎么暗示对方表白？以下是一些暗示对方表白的场景和方法，帮助我们顺利进入恋爱关系。这些方法"含糖量"较高，没有到这个阶段的同学不建议使用。

1. 当他牵你的手或有肢体接触时

他牵你的手或有肢体接触，是一个很好的暗示时机。比如当他牵你的手时，你把他的手举起来，含情脉脉地看着他，轻声说："哎呀，这是什么意思呀？我可不是什么随便的人，我可不会跟男朋友之外的人牵手的。"

这时候他可能的反应有几种：

第一种是他当场捅破关系，直接说："做我女朋友好不好？"这时候你可以说："哎呀，太突然了，空着手就来了，我还没准备好呢。我很想答应，但也没个小花花，不浪漫，你准备一下。不然我朋友圈发什么呀？"可以当时直接去买花的地方，或下次让他做正式表白。这样做不是让大家要礼物，而是让大家知道所有表白要指向非常明确的口头承诺。如果对方只是想牵手，只想尽快下一步，是不可以的。

第二种情况是他说："还是想准备一下，给你一个仪式感的。"你可以回复："哪天呢？那我提前把头发做一下，以后过纪念日，照片都得是漂漂亮亮的。"当时就把时间定下来。

第三种情况是他逃了，说："我还想再相处一下。"碰到这种情况可能是他当下情感浓度不够，有胆牵手，没胆表白。怎么办？回家后直接发信息给他："我对你挺感兴趣的，但我不太习惯广撒网的模式，相信你也不是玩弄感情的人，所以希望你可以认真考虑一下我们的关系。"之后保持平常心，观察对方反应。若7天内对方无主动推进，可以直接发信息给他："经过这段时间的相处，我发现自己还是更期待明确的关系。可能我们现阶段更适合维持朋友关系，祝你能遇到更合适的人。"到此，这个人就被筛选掉了。

注意，这里的肢体接触不包含发生关系。不要在发生关系前问确认关系的问题，没有意义，更不要让事情发展到这一步。

2. 找机会亲他

第二种暗示表白的方法是找机会亲他。比如晚上他送你回家时，在家门口或者在车上，你可以亲他一口，然后温柔地看着他，从眼睛看到嘴巴，从嘴巴再看到眼睛，通常不超过30秒，等他忍不住回亲时问他："那我们现在是什么关系呀？"或者亲完后直接跑路，回家等他发信息。不管他发什么，你都说："这不是我想听的。"直到他说："我喜欢你，做我女朋友好不好？"

如果你觉得这种方法太尴尬，可以选择约去酒吧。酒吧环境昏暗，声音很吵，说话可以靠得很近。通过眼神交流和亲昵的肢体接触，暗示他你的心意。

3."我有一个朋友"

如果你不敢直接暗示，还有一个更通用的招数，可以通过"我有一个朋友"的方法来确认对方的想法。比如说"我有个朋友，她跟一个男生见过很多次面了，这个男生也牵过她的手，看起来挺主动的，但一直没有表白。你说这个男生是怎么想的呢"，或者"我有个朋友，她挺喜欢一个男生，这个男生也对她很好，你觉得他是绅士还是对她有好感呢"。通过这样的方式，让男生明白你的心意。如果他还在装傻，可能就需要重新考虑这段关系了。

什么时候你可以主动表白？

在恋爱中，很多女生会犹豫是否应该主动表白。女生在某种程度上保持矜持，可以让男生在追求过程中更有动力，也可以让关系的发展更加自然和稳定。所以，我通常建议让男生来表白，但当你们的关系已经超过3个月，但进展停滞，那就来到你的进击时刻。

具体来说，如果你们的关系已经超过3个月，但你仍然无法分辨对方的真实意图，而且每次出去约会都没有实质性的进展，这种约会模式重复3次以上，就是你该主动表白的时候。这时候，当务之急不是纠结他为什么还不表白，女生该不该表白，而是验证你的感觉是否正确，他是不是只是想要保持暧昧关系而不承担责任。

1. 男生不表白的原因

在开始讨论你可以如何表白之前，我们需要先了解男生不表白的常见原因。

害怕被拒绝：他可能有进一步的冲动，却没有勇气迈出那一步。这可能是由于你们前面的阶段做错了事情，导致心态歪了，朝着不对的方向发展。

没有准备好：他可能喜欢你，但还没有达到爱的程度，还没有足够的决心和动力去走向一段确定的关系。

有其他"不得不"的理由：例如他或你身边还有其他伴侣，他有某种无法诉说也无法解决的问题。

担心失去对方：他害怕定义关系会破坏现有的状态，他对你的态度缺乏信心，不知道你怎么想的，所以不敢迈出这一步。

享受暧昧：他喜欢暧昧的感觉，但不愿承担恋爱的责任。他可能不是为了寻找一段长期关系。

自我证明：他想证明自己有魅力，他在"养鱼"，不想真正投入。只是为了满足某种内心需要。

2. 你可以如何主动表白？

不管具体的情况是什么，男生出于哪种原因选择不表白，这时候姑娘们都需要主动出击，然后做出决定了。因为如果关系不随着约会次数增加而推进，那就是在浪费时间，需要停下来。

当你决定主动表白时，可以采取以下策略：

明确表达心意并给予选择权

直接告诉对方你的感受，并把选择权交给对方。像上面的例子，你可以说："我对你挺感兴趣的，但我不喜欢搞'养鱼'那一套，我觉得你也不是那种人。希望你可以认真考虑一下我们的关系。"这让他明白你的立场，并让他做出决定。

冷静等待对方回应

表白后，给对方一些时间和空间来思考。不要急于得到回应，耐心等待他的反应。这段冷静期是为了让他认真考虑你们的关系。

表明底线，及时止损

如果对方在冷静期内没有任何动作，一周后可以发信息表明你的底线："看来你并没有往下走的打算，我们当朋友吧。"这表明你不愿继续这种不明确的关系。

一旦他不跟你往前走了，就不能再继续暧昧了，不能继续跟他联系，因为这些都是突破你底线的行为。即便你们最后在一起，也会让对方觉得你是一个没有底线，可以被轻视和随意对待的人。

很多姑娘遇到喜欢但不表白的男生采取被动方案，不断地见面，不断地等待，有些姑娘甚至等了 2—3 年的时间。我鼓励大家在关系超过 3 个月的时候主动表白，核心在于始终把控你在关系中的自主权和主动性。通过表白你可以验证对方的真实意图，明确对方是否有意愿和你发展长期关系。如果对方没有明确的意图，你可以及时止损，把精力放在更值得的人身上。

在任何阶段，大家都要保持筛选的心态。保持清醒，明确自己的期望，及时做出决定。主动出击，不管最后男生的选择是什么，你都获得了一个最好的结果，高效地拿到了结论——要么完成脱单，要么及时止损。

不是所有的表白都值得接受

什么样的表白一定要拒绝？

在恋爱过程中，不是所有的表白都值得接受。有些表白行为显得过于急躁，有些则来自明显不合适的人选。以下是几种需要拒绝的表白情况，帮助你保持清醒，做出明智的决定。

1. 表白行为显得过于急躁

第一次见面或见面一两次就表白的，甚至还没见面就表白的，这种表白必须拒绝。这样的急躁行为表明对方并没有真正了解你，只是急于寻求结果。我有个学员遇到过这样的情况，对方一方面不断表白，一方面又极力给你压力，寻求结果。这种情况下，他爱的并不是真实的你，而是他自己想象中的你。如果他这么快速就爱上你，大概率他根本不爱你，只是想跟你发生关系。所以，在这样的情况下，不要轻易答应，发生关系的时间也要拉长。

2. 你对他完全没有爱情的感觉

第二种情况是你对他完全没有爱情的感觉。这时候你能感受到他其实只想要一个女朋友、老婆或者陪伴工具人，只要条件合适就可以。他只是需要"三年抱俩"，但不需要你这个人。那怎么办？重新开始，重新了解，重新按照123原则进入关系。

不要因为对方的表白而勉强自己进入一段没有爱情的关系。

3. 来自明显不合适的人选

明明还在推进期，四五个人同时在约会，但其中一个人突然表白。明明这个人软实力不匹配，但因为男生突然表白，一束追光打在他身上，占据了你的全部关注度。这时候你需要重新复习关于软实力筛选的部分。大家找的是适合的人，而不是一个强烈追求你的人。恋爱主动权永远握在你手中，不是谁跟你表白我们就要跟他在一起。

如何拒绝对方的表白？

当遇到不适合的恋爱，如何拒绝呢？拒绝别人的表白是一件不容易的事情，但也是必要的。拒绝的方式最好既表达清楚，不浪费双方的时间，又不伤害对方的感情。依然可以采用拒绝公式：感谢细节＋告知决定。

1. 彼此了解不够深入

当对方突然表白，但你觉得进展太快，还想继续了解对方时，可以采用可视化的进度条思维，让对方看到你的进度。如果你喜欢对方，但想继续了解，又怕对方被拒绝后跑路，可以这样说："我是一个对感情很认真的人，我觉得你也是，这是我非常看重的品质。我希望我们能多见几次面，下个月的今天我告诉你答案。你不会不想见了吧？"这句话线上线下都可以用，再见三到四次面都可以。这种方式既表达了你的认真态度，也给了对方一个明确的时间进度。

2. 没有爱情的感觉

如果是没那么喜欢的人向你表白，你可以当下先说思考一下，然后线上告诉他你的决定。"想了很久，谢谢你向我表白，这对我来说是特别珍贵的体验。但我们约会了几次，我没有感觉到特别的火花，更多的是像朋友的氛围。我看得出来你是真心想找对象，我觉得在这里说出来比较不会耽误你的时间。如果你愿意，我们可以成为脱单路上的军师，欢迎你随时向我提问。如果未来我身边有合适的对象，我也会介绍给你。"这种拒绝经过深思熟虑，更明确、真诚，既表达了对对方的感谢，也清晰地告知你的决定，同时提供了一个友好的后续关系选项。

3. 对方不是合适的人选

如果你们在未来规划上有分歧，你可以这样告诉他："谢谢你向我表白，我真的很感激你对我的好感。但经过几次约会，我发现我们在未来的规划和目标上有很多不同。我觉得我们可能更适合做朋友而不是恋人。希望我们能够继续保持朋友关系，如果你愿意，我们可以互相分享生活的点滴，成为彼此的支持者。"

如果对方在婚姻规划上跟你的诉求不一致，你可以这样说："谢谢你对我表白，我真的很感激你对我的肯定。但经过我们几次的相处，我感觉你可能需要一个伴侣，而不是特别喜欢我这个人。我觉得这样对你和对我都不够公平。希望我们可以继续做朋友，互相帮助，如果未来有合适的对象，我也会乐意帮你介绍。"

在价值观、婚恋观和未来规划上有较大分歧，很难通过短期的磨合而改变。遇到这样的情况，我们要果断拒绝，千万不要纠缠。很多姑娘害怕拒绝，选择顺从或者逃避。其实拒绝不是坏事，不论拒绝或被拒绝都是一种成长。它说明你的约会能力和识人能力都在提升。当你知道自己需要什么，不要什么，这些都意味着你对自己的认识更明确了。不要因为拒绝或被拒绝而感到沮丧，这是你更接近理想伴侣的必经之路。

我不想用"爱而不得，人人常态"来安慰你，真正重要的是两人在一起后的甜蜜和幸福。对的爱情总是在恰当的时机出现，晚一点也没关系。找到理想伴侣前经历崎岖困苦，比随便找个伴侣结婚后再伤心、伤钱包要幸运很多。别怕出现问题，大不了从头再来。祝大家在爱情的路上顺利前行。

第八章　相处期：如何经营亲密关系

进入关系后，才是真正考验你们关系能力的开始。好的关系能力是在健康的关系中提升的，这是你与任何人联系都需要的宝贵财富。两性相处学问足够开一整套新的课程，尤其适合关系能力较弱的姑娘。这篇内容大家要认真阅读，并且应用到日常相处中。希望大家能够在实践中不断提升自己的关系能力。

我们需要明确，这个阶段最重要的是用认定心态来对待对方。

认定心态的核心是，在确保底线不被践踏的基础上，"我选了男人，我认定他，我信任他，我对他负责，我们一起面对和解决任何问题"。把这种心态作为一个对自己的承诺，在相处阶段时刻铭记在心。

任何一段关系都需要经营

感情的经营就像存金币和倒金币的过程。你为感情投入很多，就会存入很多金币；你做错事，金币就会被倒出来。感情的好坏取决于你们存的金币多不多。

情侣之间相处,最容易产生的就是言语矛盾。有人说:"我做了很多,但我刀子嘴豆腐心。"不行的,感情不是付出比赛,也不是自我感动的游戏,而是要让双方都觉得舒服。想不清楚可以代入一下亲子关系,你妈妈做了很多却刀子嘴豆腐心,你是不是依然也很难接受?

会对感情产生破坏力的沟通方式

1. 侮辱性语言

大家一定不要用侮辱性的语言定义和描述对方,这是最常见的错误。很多时候,我们会对非常亲密的人恶语相向。我有个同事和她老公吵架时,经常互相辱骂对方的外貌、智力和能力。有次女生脱口而出,说男生是"窝囊废"。这次吵架后她明显感觉她老公的状态有变化,觉得被女生看不起,感情出现了裂痕。很多人吵架的时候口不择言,事后又很后悔,但对不起,"金币"已经掉了,甚至永远都无法弥补。水一旦结了冰,即便再融化也不是原来的水了。

2. 总是翻旧账

一遇到问题就翻旧账,比如说:"你上次怎么怎么样,你总是这样。"有些姑娘喜欢在无关痛痒的经历中翻旧账。遇到问题、争执,我们必须就事论事,每次拿出具体的解决方案,解决了就翻篇。解决不了的问题,在心里默默计数,超过三次,思考是否能改变，如果不能改变，是忍下去还是不忍？没有人是完美的，相处就应该互相包容。忍下去就意味着你要包容，决定不忍就要尽快考虑换人。

3. 对比前任优劣

任何时候不要比较对方和前任谁好谁坏，这特别伤自尊。比如说"我前任会给我买包，我前任比你帅多了"，这就像你去了新公司，跟新老板说"我前公司比你们这儿气派多了，我前公司事少多了"。如果前公司那么好，你为什么不留在那儿呢？既然已经开始新的生活，就要往前看，前任应该也有你无法容忍的部分。

4. 揭露对方隐私

公开揭露对方的隐私或缺点也是不可以的。不要在聚会上揭伴侣的短，在亲戚朋友面前说他的不好。有些姑娘在私下里跟闺蜜说男朋友很好，但其他场合又总是公开揭他的短，且不说这涉及尊重的问题，换位思考，你被这样对待也会感觉没被伴侣认可。获知伴侣隐私是很私人的待遇，是对方向你独家打开的软肋，是信任你的表现。爱他，就成为他的铠甲，而不要做插向他软肋的尖刀。

5. 分手挂嘴边

姑娘们不要把分手挂嘴边，不然总有一次会成真。"小破事"就说分手，只会让别人不把分手当真，因为大招被当普通招数用，对方已经脱敏。很多夫妻离婚都是因为有一次对方直接说："行，可以。"虽然是你说的分手，但其实感情的决定权一直在对方手上。记住，分手这种事只说一次，这一次就是通知，不是商量。

6."上头"撂狠话

习惯性"上头"说气话，问题不严重也会脾气大爆发："你就是怎么怎么样，我看透了你。"说完所有狠话，事后又想吃"后悔药"。如果发生这种事，要真诚道歉，把所有矛头指向自己："都怪我当时太冲动了，我应该多体谅你，都是我不对。"切记不要一边道歉一边指责对方："如果不是你当时说什么，我也不会太生气。"心里不甘心，假装道歉，实则指责对方，会导致两人矛盾更大。

以上这 6 种错误不要犯，相处就会顺利很多。情侣之间无法和谐相处的核心问题在于，你根本听不见对方，无法看到对方的需求，也不会表达和回应对方。避免或解决这些基础错误，能够帮助你在情感账户中留下更多金币，然后才是如何解决相处中可能遇到的更大的问题。

感情里没有什么是理所应当

亲密关系是一门大学问，决定着我们大部分时间的幸福，怎样才能经营幸福的亲密关系呢？

先说一个案例，我有一个女学员，她是顶尖三甲医院的医生，而她男朋友是个创业者。这个姑娘三天一个 24 小时值班，压力非常大。她的男朋友压力也不小，两个人都非常忙。好不容易姑娘调休，她提议这两天和男朋友去旅游。但面对姑娘的邀约，男朋友没回应。后来，姑娘也冷处理，俩人关系就这么结束了。姑娘来咨询的时候很委屈："我过年在家总共待两天，把所有时间都给他，为了补偿他平时迁就我。"而我问她有没有跟男生说过这句话，她说没有。她觉得对方不理解自己，但是她也没有去理解对方。

在亲密关系中，我们常常以为对方能理解我们，能迁就我们，知道我们的想法。但实际上，别说情侣了，父母都不可能做到。所以在恋人相处中，我们需要做的是倾听和回应。经常沟通彼此的想法，分享彼此的生活和感受，学会更深入了解对方，同时学会倾听和回应。告诉大家一个相处的秘诀，就是多说"谢谢你"，看到对方的付出，听到对方的需求，并且告诉他这份爱意你收到了。

感情里面没有任何事情是理所应当的。我是一个性格软实力很强的人，我老公当时带我去 KTV 跟同事唱歌，我自然就会活跃气氛，因为我擅长做这件事，那我就应该做这些吗？我老公是一个非常细致的人，每个周末安排爬山，他都把所有路线攻略、衣食住行安排得很好，但即便我们是情侣，这是他应该必须做的吗？就好像在一个家庭中，妈妈每天洗衣服做饭就是应该的吗？

马未都说过一句话，我非常认同："生人要熟，熟人要亲，亲人要生。"对待自己最亲近的人，反而要像对待陌生人那样有边界感，有分寸。我们总是把最好的一面留给外人，但把最恶劣的一面留给自己身边的人，这是要命的。所以，我送给大家的一个情感相处暗语就是"谢谢你"，要时常看到对方的付出，并常常给予回应。

具体表达方式："谢谢你"+事情+感受

- "谢谢你今天来爬山，我们已经很久没有约会了，早上还带了好多水果，谢谢你。"
- "谢谢你一直支持我的工作，在很累的时候还给我按摩，我真的好幸福。"
- "谢谢你带我去吃汉堡，你真的很了解我，知道我喜欢什么。"
- "谢谢你包容我，我那么着急发脾气，你还冷静地安慰我。"

很多时候，不是伴侣什么都没做，而是你默认一切都是伴侣应该做的。他就应该替你着想，他就应该理解你，他就应该为你做一切，如果不做就是他没达到爱你的标准。"为什么别人的男朋友可以他却做不到？"不要发出这样的疑问，我们要允许每个人都有爱人的方式，从来就没有强制的道理。学会感恩和回应，看到并认可伴侣的付出，感情才能朝着幸福的方向发展。

表达与倾听：建立健康亲密关系的能力

如何表达需求对方更容易接受？

在情侣相处过程中，表达需求是维持健康关系的重要环节。很多即将离婚和分手的伴侣沟通都让人窒息，很多时候是因为沟通的天平失衡。我们不再倾听，哪怕听到了，也只想较劲，不愿做回应。

很多姑娘来找我做咨询都有一个强烈的诉求："我希望他来表白，我希望他来哄我，我希望他对我好一点"。这些需求她们无法说出口，于是采用"作""冷战""分手"的方式来要挟，用情绪表达代替理智表达。这种行为模式可能源于你过往不健康的情感经历，你觉得自己不作不闹，对方根本听不到。

很多人都会有这样的经历，出现这样的问题，其实也不是你的错。我们很多人可能从小到大没有机会真正表达自己的想法和需求，我们还没有学会如何正确地沟通和表达。没关系，当我们进入一段健康的亲密关系，那就是最好的练习场。抓住这样的好时机，去学习和成长就好了。

那么，应该怎么样去练习表达自己的需求呢？

1. 发起需求采用"我"开头的陈述句

使用"我"开头的陈述句是最有效的沟通方式。你开头的祈使句和反问句通常给人命令的感觉，是一种迫使对方服从的专制方法。常见的错误的沟通是：

- "你去把碗刷了，把周末的约会攻略做了。"
- "你必须给我买包，如果你不给我买包，我跟你分手。"
- "你在外面那么聪明，在家怎么什么都不干？"
- "你就不能早上起来把早餐做了吗？"

听到这种话谁都会火大，而很多家庭都是这么沟通的，孩子长大后会继续复制父母的语言模式对待爱人。这种对话方式本质上是一种语言暴力。

沟通是为了对方和你达成合作。当你希望对方跟你合作时，那些命令、威胁、讨厌的方法根本不会奏效，因为这会导致双方必须争个高低上下。对方可能会有两种负面回应，一种是放弃："行行行，你说什么就是什么吧，你说了算。"经典反应是："你让我倒垃圾倒就倒呗，你生气了我就干呗。"但他自己一辈子也不会主动。另一种是他开始反抗："你让我倒垃圾，我就不倒。"

让我们试着换"我"开头的陈述句来表达。

- "你就不能把碗洗了吗？"

"我需要你把碗洗了，要睡觉了，蟑螂要出来了，我真的很害怕。"

- "你到底要游戏还是要我？"

"我们一周都没见了,平时你都在打游戏放松,我需要你周末花点时间陪我。"

- "你总是和朋友出去,都不陪我,难道我不重要吗?"

"我知道你和朋友在一起很开心,但我也希望我们能有一些专属的时间在一起,周末我们能不能一起安排点活动?"

- "你为什么总是玩手机,根本不关心我在说什么?"

"有时候我觉得我们可以更多地面对面交流,这样我们的沟通会更好。今天晚上我们一起放下手机,好好聊聊天吧?"

在沟通的时候,要陈述事实,陈述感受,直接表达需求,不要用反问和指责。所以就是"我"有什么需求,这个需求的理由是什么,我需要你怎么做。直接告诉他"我需要你多肯定我","我觉得你最近加班特别多,好像忽略了我,我不开心","说好打扫卫生没有做,我觉得我被骗了"。这里的表达是肯定地、完整地、直接地陈述事实,让他直接了解你的需求,避免冲击性表达带来的"高低上下"之争。

大家一定要记住,沟通的重点是解决问题,而不是攻击人。

2. 小事多说"帮帮我""好不好嘛"

如果是小事想让男生去做,我们姑娘可以利用撒娇特权,让关系的氛围更舒适,多说"帮帮我""好不好嘛"。

- "给我拎书包,我累了。"

"好累，走不动了，帮我拿下书包好不好嘛？"
- "取下酱油。"
"帮帮我取下酱油嘛，太高了，我够不到。"
- "想吃冰激凌。"
"帮帮忙嘛，给我买个冰激凌嘛。"

在感情中，特别是习惯独立的女生，一定要多麻烦对方，让他知道你对他有需求。不要觉得什么事都自己来，适当依靠对方也可以让感情升温。

有姑娘说："我好好说他不听，我好好说不行啊。"这时候要判断对方是做不到还是不想做。做不到的情况，找解决方案。比如双方都不想做饭还想吃得健康，那就找小时工，或者叫外卖，或者轮流做，寻找解决方案。但如果是对方单纯不想做，那你要么狠，要么忍。

如何倾听让对方更爱你？

除了沟通，倾听在两性相处中也很重要。倾听不仅是真的听到对方，还要让对方感受到你的倾听，这是两件事情。通过倾听分享更私密的事情，交换更深层的恐惧、想法和需求，倾听本身就是一种深情的表白。

那么，如何更好地倾听呢？

1. 注视他的眼睛

当他说话时注视着他的眼睛，关注他的情绪。相爱的情侣和不相爱的情侣在餐厅里一眼便能看出差距。注视对方的眼睛就能传达出你的专注和关心。

2. 核实对方说的话

在倾听过程中去核实对方说的话，不断确认对方的感受，让他知道你正在理解他所说的话。你可以用陈述句把自己听到的话向对方确认：

- "你不开心是因为这次开会没有叫你吗？"
- "你害怕下次没有机会了吗？"
- "你因为老板特别指出你的问题，感觉被针对了吗？"

通过核实，你可以知道自己有没有真的听到对方的话，也让对方感受到你在与他感同身受。

3. 摸摸他，抱抱他

很多时候，在感情中我们不需要用言语表达感受。当他沮丧、脆弱、恐惧、难过时，简单的身体接触如摸摸他、抱抱他，会让他感受到你的支持和爱。

有一次，我和老公在车上，他在路口跑神了，车抖了一下。我摸了摸他的手背，他立刻察觉到这个细节，说："你怎么那么好？"这种身体语言传达出你在倾听和关心着他。

要相信，你在做什么，你的伴侣是能够非常清晰地感受到的。所以不要觉得"我不会说话，安慰不了他，怎么办呀"，不用担心这些，你的身体语言也能代表你在倾听，你在回应他。

4. 不要给他工作建议

情侣之间工作是要特殊对待的，特别是对男生。当他为工作焦虑时，不要急于给他建议。男生在碰到问题时，可能只是想抱怨，而不是寻求解决方案。错误的做法是给出具体的工作建议，这只会增加他的焦虑。

比如男朋友将要被裁员，每天思考何去何从，但从未向你诉说他的焦虑。你很敏感地看出他的焦虑，你应该怎么做？不要跟他说："你应该找个有挑战的工作，哪怕工资低点。你现在才30岁，程序员35岁没工作了，你再找这种工作一样的没用。"即便你说的是对的，也不要这么说。你不是他的老板，也不是同行，更不是他，他30岁是个大人了，有能力自己做职业决策，不要帮伴侣做决定。

正确的做法是给予对方支持和陪伴："就算你被裁员了，我也会陪着你。找不到工作我还可以撑住，大不了咱们休息3个月，你从来没有放过假，你歇一阵吧。"这时候，你给他稳稳的支持和陪伴就好。

5. 不要加入他抱怨家人

即便你们是情侣，也不要参与对方的家庭矛盾。当男生抱怨家人，倾听时不要附和他，因为你不知道家庭关系的复杂全貌。

很多姑娘拎不清，觉得在一起了，关系超越对方和父母的关系了，随便说对方父母的坏话，这种做法是绝对不可以的。男生可能记不住你说的好话，但你顺着他一起骂的话他全记在心里。

比如男生说："哎呀，我妹妹就是个吸血鬼，一到月初找我要钱。"你附和道："你妹妹就是没轻没重，你妈当时就不应该超生，40多岁了还要一个，你看看现在你还要多养一个孩子。"这是典型的错误案例。攻击对方至亲的话永远不能说，这是大忌，即便你是站在男生的立场上。你可以说："你就是家里的顶梁柱，你妹妹最崇拜你了。亲哥哥给亲妹妹花钱还不应该的。"因为至亲产生的嫌隙是挽回不了的，等男生回过神会忘记事情的经过，只记得你讲的坏话。聪明的姑娘有明确的边界，要认清自己的位置，只说对方家人的好话。

倾听对方不仅仅是听到，还要让对方感受到你的关心和理解。希望这些方法可以让你更好地倾听对方，增强你们之间的感情纽带。不要担心自己不会说话，只要你付出爱意，学会倾听，对方就一定能感受到。

情侣之间如何正确吵架？

吵架其实是一种极好的升级感情的沟通方式。好的吵架会让你们越来越了解对方，让你们内心真实的恐惧和脆弱被暴露，让你们内心真正的需求被看到，让感情升级。可以说，吵架是关系升级重组的过程。

1. 一定不要这样吵架

在正确吵架之前，我们需要明确有些行为在吵架时是绝对不能有的，它们不仅不能解决问题，还会伤害双方的感情。除了前面提及的情侣之间的不要用侮辱性的语言，不要翻旧账、不要撂狠话、不要攻击对方家人等言语上的问题之外，还有几点必须在吵架中规避。

急于和解

很多姑娘在吵架过程中害怕面对问题，为了表面的和平而立刻道歉，比如说"好好好，没问题，你说的都对"。这种道歉实际上是逃避问题，并没有真正解决矛盾。立刻道歉只会掩盖问题，无法达成真正的和解。

单方面结束对话

吵架已经发生，就认真地吵下去，把问题讲清楚。不要在对方还在解释时，突然宣布"我们不讨论了，算了"。这种行为会让对方感到被敷衍，更加愤怒。吵架时应该尽量保持沟通的开放性，推动解决矛盾，而不是单方面结束对话。

攻击伴侣

不要把吵架当成发泄情绪、攻击伴侣的工具。不要在吵架时说"你真自私""你没出息""你是傻×"这样的定义性质的恶言。不要使用比较性的话语："我闺蜜的男朋友从来不像你这样，我同事××比你强多了。"这种攻击不仅无助于解决问题，还会让对方感到被贬低，破罐子破摔。

泛化对方的错误攻击

一件事就是一件事，不要上升，也不要关联其他事。不要因为一件小事泛化对方的错误。比如把对方没有接你下班、没有及时回复信息等小问题，上升到"你根本不爱我，不在乎我"的高度。这种说法会让对方感到无力和被误解，问题会变得更复杂、更难解决。解决问题需要找到"小线头"。

最后，切记不要攻击对方的最痛处，不要说特别"扎针"的话，例如"你就是被你爸妈抛弃了，从来没有安全感，这不是我的问题，是你自己内心太破碎了"。这种话一旦在吵架时说出来，基本上会让感情走向破裂。

2. 怎么吵架越吵越亲密？

那为什么同样是吵架，有的人越吵关系越差，而有的人反而越吵越幸福？核心区别在于，后者知道吵架是为了解决问题，让关系更好地发展。而前者明明初衷是为了解决问题，但最终表现却像是要"解决掉"对方；明明真正想说的是"我需要你花点时间陪我，我真的需要你在我身边，我需要你把碗洗了"，但说出口的却是"你就是不爱我了，你就是没有为我们考虑，你就是自私，不行我们就分手吧"。

分析了以上这些不可取的吵架方式，到底怎么吵架不崩且能促进关系呢？

提前铺垫，表明立场

可以提前告诉对方："我很喜欢你，吵架也是超级喜欢的，今天吵架是为了解决问题。"这样先铺垫一下，对方也能更理解你，感受到你是来解决问题的。这种方式适合大吵之前，对经常口出恶言、容易"上头"的人格外友好。

在吵架开始时，吵架双方通常都处于高防御状态，许多人歇斯底里是因为对结果的不安，害怕被放弃，担心被讨厌。有了这句话后，双方的情绪会平稳很多。这样可以有助于讲道理，不进行人身攻击，实现有效沟通。即使后续口出暴言，情绪"上头"，对方也知道你最终是为了解决问题，而不是攻击他。

设定吵架的等级和时间

明确告知对方吵架的等级、时间和具体问题。这种方式适合为小矛盾小吵的情况。

例如提前告诉对方我们今天必须小吵一架，"我今天要生15分钟的气，我特别讨厌刷碗，而你还把碗留给我。你很累我也知道，但今天晚上必须刷，不然有'小强'。我希望我们认真沟通下这个事情后面怎么办"，并且要求对方15分钟内不能道歉。

怎么区分大吵和小吵？小吵是为了宣泄情绪，大吵是为了解决方案。吵架之前内心先判断一下，如果吵了架，解决不了问题还能继续过，那就小吵。如果问题必须得到解决，那就升级到大吵。吵架是必须的，小吵怡情，情绪一定要宣泄。不建议姑娘们为了寻求表面和谐而不吵架。生活中其实没什么大事，如果涉及核心矛盾，尽快解决，不行就赶紧换人。

通过非暴力沟通提出具体需求

当你有问题需要解决时，提出具体要求的吵架，用非暴力沟通的方法做事实表达。句式是"我看到＋我感受＋我希望＋解决方案"。比如"我叫你很多次吃饭，你都忙，我感觉到没有那么被重视，我似乎是个可有可无的人。我希望每周都能保持正常约会"。

设置熄火咒语

如果吵架吵到很严重，或者无法收场怎么办？教大家两个熄火咒语。

第一种，示弱熄火咒语，适合对方也很"上头"的场景。男生说："你觉得就你在付出，我不辛苦吗？我每天累得跟狗一样，是为了什么？"这时你可以说："你就仗着我喜欢你，你就欺负我吧，我对你好都是应该的。"重新拉回到你们的感情上，撒娇示弱表白，一句话就能让对方熄火。

第二种，道歉熄火咒语，适合吵架后冷静一下用，道歉句式是"我不应该××＋我应该多体谅你××。"

比如"我不应该这么着急跟你说话，事情太紧急了，我希望快点解决。我应该多体谅你"，"我不应该着急否定你，我当时在气头上，我应该体谅你工作那么忙，还专门跟我说这个"。这个咒语的好处是替对方说出他的情绪，让他知道他的感受被你看到了，你也很在乎他的感受。这样两个人才能从气头上冷静下来，对方也会跟你站在一起解决问题。

总的来说，吵架不是坏事，关键在于如何吵架。正确的吵架应该是每一次都让对方看到你是爱他的，每次冲突都是为了让两个人走得更远而努力。希望大家能在日常生活中运用这些方法，提升自己的关系质量，让每一次吵架都成为感情升温的契机。

幸福的关系是"求同存异"

经过了相处的冲突和磨合，你们会进入长期关系的相处期。你走到这一步，证明你已经和意中人进入恋爱的后期，恭喜你！随着相处的深入，如何经营关系越来越关键，最常见的问题是我们经常想要改变对方。

"让伴侣改变"合理吗？

一位男学员有个相处困境，他们家有一个"家庭聚餐"的传统，每天晚餐是一家人沟通和谈心的时间。他爸妈离他家很近，所以每天晚上会来给他和女朋友做饭，然后一起吃。然而，他女朋友从来都是15分钟"饭扫光"，而且在吃饭中间不停刷手机，不愿意加入家庭活动。这导致他爸妈战战兢兢，担心做了什么事情惹得她不开心。男生很苦恼，问我该怎么办，应该怎么去改变这个女生。

大家怎么看这件事，要怎么改变这个女生？

其实，这个姑娘不需要被改变。男生觉得家庭聚餐的传统很好，应该一家人坐在一起聊聊天，沟通一天的见闻，这是他认为的"好"和"正确"。但感情中，正确并不重要。

我们总希望伴侣上进一点，早点下班多陪陪我们，能够主动安排周末约会，等等。这些都是我们认为"正确"的事，但在长期关系中，学会接纳、包容，比改变对方更重要。

家是一个让所有人都觉得舒适自在的空间，你希望通过改变别人，剥夺别人的舒适，达成自己的舒适，这是不合理的。只有双方都能自然而然在这段感情中感受到舒适，才叫真正被包容，被接纳。

像我和前男友，之前总是为安排周末约会的事情吵架。我在大厂工作，非常期待周末能有惊喜旅行，"周末能去哪里玩儿"甚至是我一周工作的力量源泉。但前男友从来不主动安排，都等我来做规划。站在我的视角，我工作已经非常辛苦了，每天分身乏术，为什么他比我轻松，却不能承担这份家庭分工？我在期待对方改变，并且只能接受改变后的他。

但从前男友的视角看，他根本不需要周末出门，他在家敲代码就能高兴一整天。但是我总是逼他做他不喜欢的事情，而且如果他没安排好行程，又要被我吵一架。他可能根本没有出门的需求，但要陪我去旅行，而且还要全程拎包，负责各种细节。

他已经付出很多，也默默改变很多，但我却只会说："为什么你不把行程顺我心意安排好？"

事实上，我们不要以为只有自己在忍，其实对方也在忍。因为相处本来就是两个人的事。每个人生活经历和轨迹不同，认为正确、有价值的事情也不同，这是长年累月形成的习惯和需求，是他的生活方式，也是他人生的一部分。我们不能"部分地"选择一个人。

如何判断改变还是接纳？

能进入相处期的伴侣已经是我们根据自己的软实力筛选出来的，这时我们就要明白，真正长久的关系不是靠改变对方来维持，而是通过相互接纳和理解来经营。因为世界上没有两个完全匹配的人。当你在相处过程中产生了想要改变对方的想法，可以试试下面的方法。

首先，问问自己，要改变的这件事到底是不是你的底线。比如，"安排周末约会"这件事是我的底线吗？只有当一个人能够安排约会才能做我的伴侣吗？如果这不是我对伴侣的底线需求，那么这个问题就不要纠结了。我们需要区分哪些是底线需求，哪些是可以妥协和调整的。

其次，如果这件事不是你的底线，那就调整自己接纳对方。其实我是可以调整周末出游策略的，可以选择更简单、更轻松的解决方案。因为我不接纳前任的不同，我希望他改变成我要求的样子。但这种情况其实不需要他来改变，而是需要我来改变。当你希望关系按照你的期望推进时，你应该先调整自己，接纳对方的不同。把期待对方改变，转变成改变自己。

最后，如果你觉得只有改变他才能接纳他，那说明你根本不接纳现在的他。你在跟"现实的他"相处，抱怨他为什么跟"理想的他"形象不同，其实这根本和他无关。根本上是你在跟理想中的伴侣恋爱，跟自己的幻想谈恋爱。你需要打破幻想，重新思考你是否能接受"现实的他"，"现实的他"是否满足你的底线要求。你可以给自己设置一个忍耐期，花一到两个月的时间去相处。如果"现实的他"在这段时间内突破你的底线，也没办法改变，那这个人可能不适合你，你需要终止关系，重新选择合适的伴侣。

好的亲密关系与其说是改变别人，不如说是调整自己。这在心态上差别是非常大的，只有这样两个人之间才有空间接纳彼此。在新的亲密关系中，我深刻体会到这一点。我老公完全接纳我，从来没有任何一刻想要改变我，我也没想过改变他，所以这段关系让我非常舒适。亲密关系的关键不是去改变对方，而是接纳和理解对方。

很多人无法长期经营一段关系，核心就在于她们介意的很多问题，其实是两性的差异。也就是说，不只是现任男友的问题，是你只要是异性恋就都要面临的问题。我们必须承认，男人和女人在情感需求和表达方式上存在显著差异。

两性的情感需求差异

在两性关系中，男女在情感需求和表达方式上存在显著差异。女人常抱怨男人不听自己说话，不在乎自己。女人在情感上需要倾诉和被理解，希望男人认真听她们说话，而不是心不在焉或匆忙给出解决方案。通过倾诉释放情绪，感受被关注和理解才是重点。女人在乎细节和情感表达，期待对方通过言行举止表现出兴趣和关心。

相对而言，男人在情感上需要成就感和展示能力的机会。他们的自我价值往往通过力量、能力、效率和成就感来定义，更喜欢通过解决问题来表现自己的能力。当女人向他们倾诉时，男人会本能地给出解决方案，而不是单纯地倾听。男人比女人更讨厌"爹味"，他们最常抱怨的是伴侣总是试图改变自己，不管如何拒绝反抗，女人总是试图告诉男人应该怎么做。男人希望在关系中得到全然接纳和尊重，讨厌别人教自己做事，尤其是在没有提出要求的情况下。如果女人总是试图改变男人或告诉他们该怎么做，男人会感到自己的能力和价值被质疑。

心理学和人际关系研究表明，女人倾向于通过交流建立和维持关系，更注重情感交流和理解；而男人则通过行动和解决问题展示能力和价值，更注重目标和结果。女人通过语言和情感表达释放压力，希望通过倾诉获得情感支持；男人则通过行动和成就感增强自信和自尊，希望通过解决问题获得认可和尊重。

当你想改造对方怎么办？

当你理解这些底层差异，就更能接受两性的不同，避免总是产生"改造对方"的想法。如果你想要改造对方，可以试着换一种解决方案。

1. 使用"同事之尺"

伴侣之间，不要说"你应该怎么样"。想象你对待的是同事而不是伴侣。对同事，你会有界限和尊重，不会轻易越界。将这种界限感应用到对待男朋友上，可以帮助你减少对他的高压要求和过度干涉。比如如果你觉得男朋友不懂得表达爱意，而你想告诉他如何做，不如先问自己："我会这样直接教我的同事如何表达感情吗？"如果答案是否定的，那就控制住自己。

2. 提供支持而非指示

当你想告诉男朋友应该怎么改进，你以为是关心和爱护，但这恰恰会让男生变得很敏感，无意中冒犯他。男人通常不轻易说出自己的问题，会把问题留给自己。他们更希望在需要时得到帮助，而不是被告知应该怎么做。当他没提出问题时，你需要尊重伴侣的自主性，提供情感支持就好了。你可以说："我相信你能处理好这些问题，如果你需要我帮忙，我随时在这里。"

3. 关注他的优点和努力

多关注他的优点和努力，而不是不断指出他的不足。这不仅能增强他的自信心，也能让你更容易接纳他的不同。比如男朋友在表达爱意方面有些笨拙，但他在其他方面做得很好，总是记得你的生日或喜欢的小细节，那么就多表扬和引导他的相似行为。

4. 自我反思和调整期待

反思自己的期待是否过高，并调整这些期待。每个人都有自己的成长节奏和表达方式，学会欣赏这些差异而不是改变它们。如果你希望他能像你一样表达感情，反思这种期待是否合理。理解他可能有不同的方式来表达爱，比如通过行动而不是言语。

5. 寻求共同的兴趣和活动

男生喜欢通过一起做事加深感情。你可以在约会和相处中，增加共同的兴趣和活动，找到你们都喜欢的活动，比如一起散步、看电影、做饭等，这样可以在轻松的氛围中增进了解和沟通，减少对彼此的改变要求，更多地享受在一起的快乐时光。

6. 保持自己的独立性

在关系中保持自己的独立性和成长，不把所有的情感需求和改变期望都放在伴侣身上。这样不仅能减轻对方的压力，也能让你们的关系更健康。比如发展自己的兴趣爱好和社交圈子，保持自我成长，这样你会在关系中更加自信和满足。

伴侣之间相处，除了价值观等是可以直接分手的大问题，剩下的都是小问题。这些小问题很多都是两性差异引起的，姑娘们需要接受它们的存在。一个新的更加理解、包容和幸福的关系模式，是伴侣彼此让渡出来的。接纳对方的不同，是维持亲密关系的重要法则。希望大家通过上面的这些方法，多经营自己，减少改变伴侣的冲动，都过上幸福自由的生活。

做对这三件事，在交往中增进感情

在恋爱关系的中后期，情侣们已经建立了一定的基础和信任，但要进一步加深情感，需要更多的投入和努力。随着交往时间的增加，磨合和冲突常常成为主导，情感账户变得越来越空虚。许多情侣希望加深感情，却不知道如何去做。

除了前面提及的共同面对冲突、在冲突中一同解决问题、彼此包容、持续关注和倾听伴侣、经常表达感激和赞美、增加身体的亲密感以及制造浪漫时刻，还有3件重要但容易被忽视的事情能够帮助情侣们增进感情。

成为爱人，成为战友

好的感情不仅是爱情，更是战友情。它引导伴侣们不断向上成长，让彼此在独立自由的同时获得力量和安全感。好的感情，就像一处好风水，让人一旦拥有便难以割舍。

在一段优质的感情中，双方尊重彼此的个人空间和时间，保持独立性。每个人都是能够独立作战的生活主体，而不是依赖对方的附属品。这样的关系鼓励双方持续自我提升和成长，始终保持对彼此的新鲜感和吸引力。同时，在关系中，坚定地选择对方，愿意接纳并弥补对方的软实力短板，维护感情的稳定和健康。真正的伴侣不仅是爱人，更是战友，愿意在对方困难时提供支持，携手面对生活的挑战。

战友是彼此独立又相互依赖的，是彼此尊重又深深信任的。保持诚实和透明，不隐瞒重要信息。信守诺言，兑现对对方的承诺，增强彼此的安全感和信任感。只有在诚实和透明的基础上，才能建立起牢固的感情纽带。只有如此，你才能在感情中获得真正的幸福和成长。

创造更多"我们"的回忆

没有什么比一起创造回忆更能拉近两个人的距离了。一起冒险或尝试新的活动，共同经历新的事物，这能增强你们的联系和共同记忆。

设定共同的目标或项目，比如一起健身、学习新技能或参与志愿活动，通过合作来增强默契。回忆和讨论过去的美好时光，会让你们更加珍惜彼此。通过照片、日记或视频记录你们的生活点滴，创造更多的共同回忆，成为你们爱情的见证。参与对方感兴趣的活动，了解并支持对方的爱好，会让你们的心更贴近。

一起规划未来，包括职业发展、家庭生活、旅行计划等，增强彼此的承诺感和共同目标。设定一个共同的愿景，让你们有一个明确的方向和目标，共同努力实现。

通过这些方法，除了"你"和"我"，会生成一个新生主体"我们"。当"我们"的回忆越来越多，越来越难舍难分，你们的关系自然也会变得牢固且深厚。

保持深入沟通

想要不断加深感情，深度沟通永远是最直接高效的方案。安排固定的时间进行深入的交流，讨论彼此的感受、想法和未来的计划。我特别推荐深夜的深度聊天。

深夜聊天可以是两个人一起出去旅行，或者小酌之后的谈心，这种方式能够打开对方的"灵魂"。如果不知道该聊什么，可以尝试以下 10 个话题。

1. 童年最好和最糟的回忆是什么？

讨论童年的经历和负面伤害的经历，可以让你更好地理解对方为什么会成为现在的自己。这些回忆能够揭示出对方的成长背景和性格形成的原因。

2. 你最希望我做的三件事是什么？

通过这个话题，你可以了解对方在感情中的期待，以及你可以如何满足他的需求。明确彼此的期待，有助于减少误解和摩擦。

3. 你的朋友或家人中，哪对夫妻的感情最好？为什么？

这个问题可以帮助你们校准对美好感情的画面。通过了解对方心中理想的关系样子，你们可以更好地理解彼此的需求和期望。

4. 你觉得和我在一起最大的好处是什么？

这是一个随着时间变化的问题，能够反映出你们在感情中的成长和变化。没有人 100% 与对方完全匹配，两个人在感情中互相成长是非常重要的。

5. 我有哪些行为让你觉得很不爽，希望我停止哪些行为或改善哪些行为？

伴侣间如果对彼此有不满意，最好开诚布公地聊一聊。不坦诚交流，小问题会积累成大问题，最终可能导致怨恨。只有知道问题，才能有改变的可能。

6. 有没有什么事情特别担忧、特别焦虑，但从来没告诉我？

进入深度关系后，伴侣间相互隐瞒焦虑是正常的。可能不想让对方担心，觉得说了也不会解决，不想增加伴侣负担。但如果不知道对方面对哪些压力，就没有机会真正支持他，甚至会因他的状态产生误会。

7. 有什么事情一直想做，但没做，什么阻止了你做这些事情？

这是与梦想相关的话题，能够让你成为对方最大的支持者，帮助他实现未完成的梦想。

8. 你爱我什么？什么时候觉得最爱我？

在不同的人生阶段，可能会被不同的特质吸引。讨论这个问题，可以了解对方对你爱的原因，以及相处的方式是否需要调整。

9. 你认为我做什么会让你无法原谅，为什么？

这是伴侣间的底线问题，可以互相了解彼此的底线是什么，避免触碰对方的禁忌。

10. 你觉得我们的生活还能变得更好吗？你想我们在哪些方面可以得到改善？

一起描绘理想的生活图景，找出目前生活状态中彼此觉得不是十分满意的地方，朝着两个人都向往的生活方向走。

以上 10 个话题都可以引导更深入的谈话，基本上选择任何一个话题开始，你们都可以度过一个充实的夜晚。不定期地深入聊天，抱着聊天，喝着小酒聊天，每次都会让你们更爱对方。

评估关系适配度，为好的婚姻做准备

随着关系的深入，你们最终会走到结婚的决策前。我狠狠地建议，在决定结婚前一定要进行一次深度对话，讨论一些至关重要的问题。这些问题需要涉及人生观、婚姻观、金钱观和未来规划，这是你最后一次评估关系的适配度，为好的婚姻做准备。

如果你没想好怎么设计问题，可以直接采用《纽约时报》推荐的婚前 15 问。现在大家代入一下最想结婚的对象，想象他的脸，感受一下他会怎么说。

婚前 15 问

1. 生育规划：我们要不要孩子？如果要，主要由谁来负责？

双方需要明确是否有生育的计划，如果有，预期在婚后多久生育。如果一方或双方不愿意生孩子，是否还愿意继续这段婚姻？这是需要深入讨论的问题。其次，如果决定要孩子，如何分配育儿责任？在女方怀孕期间，男方是否会陪伴去做每一次检查？孩子出生后，由谁主要负责照顾？是否需要请月嫂，或请爷爷奶奶、姥爷姥姥参与育儿？另外，孩子的姓氏随父亲还是母亲，这个问题也需要在婚前达成一致。这些问题在婚后生活中是极为重要的，因为孩子问题会成为生活的一个重点。如果双方不能在这些问题上达成一致，婚后一定会充满矛盾和冲突。我强烈建议达成育儿共识，男女双方需要共同承担育儿责任。

2. 经济观念：我们的家庭赚钱能力及目标是什么？消费观及储蓄观会不会发生冲突？

关于钱的问题需要好好谈。你们双方需要共同讨论和明确家庭由谁来掌管钱财，以及家庭收支规划如何安排。结婚后，个人收入不再仅仅属于个人，而是整个家庭的收入，家庭成为一个小型经济体。双方有共同的消费观和储蓄观，才能使日子越过越好。喜欢消费和喜欢存钱的人很难一起生活。

围绕未来的家庭经济运转，你们有必要讨论：是否建立储蓄计划，设立共同账户，每个月存钱；是否建立大额度开销的商量机制，多大开销需要共同决议；你们最好了解双方的收入、资产情况以及日常开销、赡养老人、学习发展、休闲娱乐等消费的情况。谈钱不伤感情，不谈钱才伤感情。情侣之间如果不好意思谈钱，只能说明关系不够深，还做不了一家人。在结婚前，务必诚恳地讨论经济问题，双方最好提供征信报告，就经济问题达成共识，确保婚后的生活和谐稳定。

3. 家庭责任：我们的家庭如何维持？由谁来掌握可能出现的风险？

家庭责任的分配和风险管理是你们未来生活的重要议题。很多家庭不幸福总是闹矛盾，就是没在婚前商量好彼此分工。

首先是家务责任，洗衣服、做饭、打扫卫生等怎么分配？是否需要请钟点工来协助？其次是财务责任，结婚后，家用如何支付，谁来负责支付房贷，在孩子出生后的育儿费，等等，都会涉及具体的分担方式。第三是风险责任，面对突发的生活工作变故，突发疾病、失业问题、债务问题，等等，如何面对，由谁来主控。

夫妻双方需要明确这些支出由谁负责，以避免未来的财务纠纷。家庭财务的透明度也很重要，夫妻双方应了解彼此的收入情况，避免一方完全不清楚另一方的经济状况，这样才能更好地共同管理家庭财务。

总之，婚姻生活中家庭责任的分配与风险管理需要夫妻双方共同面对和承担，只有在这些方面达成一致，才能确保婚姻生活的和谐美满。

4. 健康状况：我们有没有详尽地交换过双方的疾病史，包括精神上的？

在进入婚姻之前，了解彼此的健康状况，包括精神健康问题，是非常重要的。这样可以确保你们对未来的生活有充分的准备和理解。

我和我老公在领证之前就做了婚前检查，这让我非常安心。我强烈建议每对即将步入婚姻的情侣都去做一次全面的体检，充分了解对方的健康状况。另外，还可以做一些特别的检查，比如双方的生殖系统的详细检查，为生育宝宝做好准备。

另外，了解双方家族的遗传病史也很重要，这有助于预见和管理未来可能出现的健康问题。把可怕的事在最开始解决掉，你们可以更自信地迈向幸福的未来。

5. 父母态度：我们父母的态度有没有达到我们的预期？会不会给足够的祝福？如没有，我们如何面对？

在结婚前，确保双方父母的支持和祝福是关键。父母的不赞成会让婚姻变得更加艰难，因为婚姻不仅是两个人的结合，更是两个家庭的融合。没有父母的祝福，未来的生活中可能会面临更多阻力和挑战。所以结婚前，需要明确了解双方父母的态度，他们是否支持你们结婚？如果有反对的意见，你们该如何应对？

另外，彩礼和嫁妆也是不可忽视的部分，双方家长能否在彩礼和嫁妆问题上达成一致，并愿意做出让步，是需要认真讨论的。所有打算结婚的情侣都应该在婚前坦诚地交流这些问题，确保双方家庭都能达成共识，避免因此产生矛盾和不愉快。

婚姻是两个家庭的事，很难完全从各自的家庭中独立出来。婚姻是你们分别从大家庭中退出，而不是其中一个人退出大家庭进入另一个家庭。而彩礼和嫁妆是两个家庭去扶持一个新家庭，需要你们和双方家庭的共同努力。

6. 性需求沟通：我们有没有自然、坦诚地说出自己的性需求、性的偏好及恐惧？

很多时候，我们强调"三观"一致，但其实性和谐、性匹配同样重要。在离婚的诉求中，最常见的两个问题就是金钱和性。所以，在结婚前，你们必须确保在性方面的匹配。很多所谓的"性格不合"导致的离婚，其实源头都在于性生活不和谐。

你们的性偏好是否一致，是否能彼此获得满足，能否相互尊重彼此的感受？男女之间与吸引力最相关的就是性，所以婚前最好确保双方性偏好和需求是一致的。

7. 生活习惯：卧室能放电视机吗？（泛指一切生活习惯上的差异，如养宠物意见不一，口味不一样，睡觉打鼾，一个爱收拾一个乱等）

在婚前讨论生活习惯和偏好，确保双方在日常生活中能够达成共识，是避免因小事产生矛盾的重要步骤。判断你是否能接受对方的生活方式，能够帮助你们更好地适应未来的婚姻生活。

彼此的生活习惯，比如睡前是否刷牙，多久做一次清洁，是否养宠物，喜欢吃甜还是吃辣，卫生间马桶盖是否掀起，这些需要达成共识。你可能觉得这些事情微不足道，但实际上，它们真的能引发争吵，日复一日的琐碎会消耗掉感情。你们可以一起去菜市场逛逛，一起买菜，做一顿简单的饭菜，模拟一下真实的生活。你可能会诧异，谈恋爱跟真实的婚姻生活天差地别。

8. 沟通能力：我们真的能倾听对方诉说，并公平对待对方的想法和抱怨吗？

你是否愿意成为对方的"情绪垃圾桶"，倾听他们的心事，分享他们的喜怒哀乐？当对方情绪低落时，能否给予安慰，并在需要时彼此鼓励和支持？你们是否有能力和信心建立良好的沟通机制？

当婚姻中出现问题时，你们是否能够仅凭夫妻双方来解决问题，而不让双方父母过多干预？结婚后，明确区分大家庭和小家庭的界限非常重要。如果界限不清，大家庭的随意插手可能会引发各种矛盾。

9. 精神信仰：我们清晰地了解对方的精神需求及信仰吗？我们讨论过孩子将来的教育模式及信仰问题吗？

每个人都有自己的梦想和信仰，如果你的伴侣梦想改变世界，作为另一半，你需要支持他。如果你把他的梦想当成笑话，这可能表明你们并不合适。

现实生活中，教育问题常常引发家庭矛盾。你们是否在孩子的教育方式上达成了一致？是选择"鸡娃"模式还是"放养"？是让孩子成为"学霸"还是德智体美劳全面发展？可以婚前浅聊一下，判断双方的育儿观是否一致或分歧是否严重。

10. 朋友关系：我们喜欢并尊重对方的朋友吗？

首先，思考你们是否能够接纳对方的社交圈。结婚后，大部分社交活动需要为婚姻让位，所以你们是否愿意把自己的朋友（特别是异性）介绍给伴侣？如果对方不喜欢你的某个朋友，如何处理？

其次，异性交往的边界问题需要详细讨论。当下社会中，对异性交往的认知差异较大。比如，有些人可以和异性朋友单独出去旅行、看电影、聚会。你们需要明确什么行为是可接受的，什么是不可接受的。你们能否接受对方和异性朋友聊天、开玩笑，甚至有些打情骂俏的言语？

再次，关于隐私和社交的界限也需要讨论。你们是否可以查看对方的微信？异性朋友的聊天记录是否可以公开？什么样的行为算是出轨？

最后，每个人在结婚后都希望尽量保留一些单身时的个人空间。你们需要沟通结婚后每周有多少时间可以单独和朋友相处，保持自己的社交生活。

结婚不仅是两个人的结合,还包括你们背后的整个圈子。如果你希望结婚后依然保留自己的社交圈,可以跟伴侣达成这些共识。

11. 亲属关系:我们能不能看重并尊敬对方的父母?我们有没有考虑到父母可能会干涉我们的关系?

首先,双方父母的经济状况如何?是否需要你们赡养父母?是否愿意和一方父母共同生活?一方父母会拥有房子的钥匙吗?他们是否会要求有一间房,或随时过来?如果是父母出资买房,那你们的居所到底是你们的小家,还是属于双方家庭的?这些问题必须提前谈清楚。

其次,你们需要明确双方多久去看望一次父母,特别是与父母不住在同一个城市的。即将来临的节假日,比如除夕,去谁家过年?这些都是需要提前规划的。

最后,也是最重要的,当你们和对方的家庭成员产生冲突时,对方是否能先在表面上维护你,优先保证小家庭的利益?如果发现是"妈宝男"要给自己拉响警报。

婚后处理大小家庭的关系是重要课题,坦诚地沟通,明确界限,可以帮你预防矛盾的发生,或者及时发现双方的分歧。

12. 家族评价:我的家族最让你心烦的事情是什么?

比如一方家庭规矩很多,让人难以适应,怎么解决。比如双方家族有不同的家风,该如何尊重和融合。又比如伴侣家族有一个长辈让你特别讨厌，你很不想见他该怎么办？通过这些具体的讨论，你们可以提前了解彼此对家族的看法和感受，找到一个双方都能够接受的平衡点。这样，在婚后生活中，我们就能更好地处理家庭关系，避免因为家族问题而产生不必要的冲突。

13. 婚姻坚守：我们永远不会因为婚姻放弃的东西是什么？

婚姻中，做自己可能成为一种奢侈品。所以在结婚前，你们需要了解对方有哪些事情是不愿意放弃的。

假如婚姻需要你放弃一部分职业理想，你是否会感到委屈？你可以放弃到什么地步？你是否愿意放弃事业做全职主妇，照顾家庭？对方是否愿意在你事业上升期时，退居家庭照顾家务？如果自己做不到的事，就不要要求对方去做。

此外，在过往的恋爱过程中，是否有什么不愉快的事情？你们是否真的放下了过去，准备开始新的婚姻生活？过去的遗留问题是否已经得到解决？这些问题也需要在婚前讨论清楚。

14. 异地工作：如果我们中的一人需要离开其家族所在地陪同另一人到外地工作，做得到吗？

在婚姻中，有时工作可能会带来不可避免的变化，比如搬迁到另一个城市。这时，你们需要认真讨论，是否能接受因为工作原因而搬迁，确保双方都能接受这样的生活变化。在婚姻咨询中，经常遇到因为异地婚姻导致婚姻破裂的情况，所以不要假设你们能处理好异地的问题。

我是一个很想尝试不同生活的人，如果有机会搬到新的城市，我会觉得这是件好事。比如，现在我搬到深圳来，就特别开心。但每个人的需求不同，有的人可能不这么想。你要仔细考虑，这样的生活是不是你能接受的。

15. 婚姻信心：我们是不是有信心面对任何挑战共同走下去？

这是每对即将步入婚姻殿堂的情侣需要认真思考和讨论的问题。确保双方有信心共同面对未来的挑战，感受彼此的坚定程度，交换承诺，为婚后的生活打下坚实的基础。

首先，讨论彼此的缺点和影响。询问对方是否认为自己身上的某些缺点会影响以后的婚姻生活，了解对方为何仍愿意结婚。希望大家的婚姻都建立在对彼此的认可和想要共度余生的基础上。

其次，讨论面对困境时的抉择。你们需要坦诚地讨论，如果有一天夫妻中的一方遭受了重大挫折，或者身体上出现疾病，另一方会不会选择离开？这是一个非常现实的问题，也是一段婚姻能否经受住考验的关键。明确彼此在面对重大困难时的态度和承诺，是婚姻中至关重要的一环。

另外，讨论婚姻中的不可容忍项，也就是你们的底线。思考在婚姻中出现哪些情况会导致婚姻无法维持。把最难听的话摆在台面上讲，从一开始就明确哪些是不允许踩踏的红线。比如，出轨、家暴、酗酒、欺骗等，这些都是需要明确的不可容忍项。

通过这些深入的讨论，你们可以更好地了解彼此对婚姻的期望和底线。这样，即使在未来遇到困难和挑战，也能坚定地站在一起，共同面对。

问完这些问题，好像已经展望了未来 3—5 年的婚姻生活。想象着伴侣的答案，你可能已经愤怒值满格，或者变得更爱对方。不管怎么样，通过讨论上面 15 个问题，你会发现未来的生活变得更清晰。如果就其中 10 个问题达成一致，那么你们就是适合结婚的。推荐这套题不是让大家发现矛盾，找对方的错，而是以坦诚和开放的心态来思考和面对未来，面对即将步入的婚姻。

如何使用这套题？

第一，提前自我思考。首先自己先思考这些问题，明确自己的真实想法和需求，把自己的大框架先想好。

第二，选择合适的时间。问题量比较大，可以选择一段整块时间进行讨论，可以在家里喝点小酒，营造轻松的氛围。

第三，避免压力。这套问题建议在双方都默认走向结婚的时候发起。如果对方还没想过结婚，不要说这是婚前 15 问，可以说是网上推荐的情侣问答，问得浅一些，不要吓到对方。

第四，不打断对方。让对方完整说出自己的想法，聊天中不做判断。

第五，坦率地表达需求。坦率地说出自己的需求，但要知道哪些是底线，哪些是可以商量的。

这15个问题可能有些情况并不会发生，比如他的家族没有让你不舒服的人和事，比如你们也不必换到另一个城市去工作生活。也许，你们继续相处下去，对方的想法也会发生变化。但目前的这15个问题，你要的不只是一个答案，更是确认他对你的爱，他未来的规划，他的底线和价值观。

做掌握结婚主动权的人

一个正缘的感觉是什么？我的学员大数据显示，正缘的感觉就是一切都非常顺利，当你们真正开始谈恋爱，到谈婚论嫁，好像一切水到渠成，没有任何阻力，自然而然发生了。

为什么事情会朝着你期待的方向发展？因为你主动地把握着事情的发展方向。

1. 主动应对关系中的挑战

一位姑娘找了年龄比自己小的男朋友，两人准备谈婚论嫁了，但男生家族却对她的年龄有偏见，无法接受她比男生大6岁。她来咨询我，希望能找到应对的方法，是不是要结束关系。你们觉得应该怎么办呢？

很多人希望在婚前擦亮双眼，把所有困难作为测试筛选对方，然后再开始婚姻，认为这样接下来的人生就会变得简单。但事实并不是这样。我们不需要在感情中做测试或人为制造困难，因为生活本来就是一场压力测试。

针对这个不被祝福的姐弟恋案例，应该怎么处理呢？我给这个学员的意见是：继续跟他往下走。不要去想男生是否坚定，能不能"搞定"家里，更不要反复质疑他。去做那个主动牵起他的手的人，告诉他："不管发生什么事情，我选定你了。关于我的年龄问题，我会在我们家搞定的。如果你这边需要任何支持，不管是需要我去给你爸妈看看，还是所有其他事，我随时都会给你支持。"想要关系向好的方向发展，秘诀就是永远做那个主动改变的人。坚定握着他的手，告诉他说无论发生什么事情，"我都会跟你在一起"。

想象一下，如果男生一边受着父母的夹击，另一边女朋友还要反复质疑他测试他，那这段感情还能继续往下走吗？最终大概率男生会精疲力竭地选择分手。但同样的情况，如果女朋友能坚定握着他的手，告诉他说："任何事情我们一起面对，我都可以解决，我认定你了。"男生是不是也会更有信心和斗志去面对家庭的阻力？这种情况下，是不是男生更容易选择与你站在一起。在这样坚固的感情面前，"男生父母对女生的年龄有意见"，这个困难其实并不难解。

所有坚固和美好的感情，都是因为其中一方首先做了那个主动坚定的人。如果你想要一段坚定的感情，那你就去做那个坚定的首先改变的人吧！

2. 拥有随时离场的勇气

要在任何时候坚定吗？不是的。与坚定的选择对应的，是同时要拥有随时离场的勇气，哪怕你们已经结婚在即。我们常常会因为"沉没成本"而在一段不健康的关系中苦苦挣扎，但实际上，分手并不需要等到对方出现重大失误。任何时候，只要你觉得这段感情不再适合你，你都有权利选择离开。

我最后跟大家明确一下，必须分手的几种情况：

对方持续不忠

如果对方持续不忠，并且没有悔改或改变的意愿，这种情况是不可能挽回的。忠诚是关系的基础，一旦破裂，很难重建信任。面对这种情况，果断离开才是对自己最好的保护。

遭受身体或情感上的虐待

在感情中，身体或情感上的虐待是绝对不能容忍的。如果你感受到对方对你进行持续的侮辱、贬低，无视你的需求和感受，这种关系必须立刻结束。你需要的是尊重和关心，而不是成为他人发泄情绪或"吸血"的对象。

对方有严重的成瘾行为

如果对方有严重的成瘾行为，如酒精或药物成瘾，这些问题会严重影响你的生活质量。为了你的健康和安全，离开是最好的选择。

对方出现控制行为

健康的关系应该是基于信任和自由的。如果对方限制你的社交生活，过度干涉你的自由，比如不让你与异性交往，严格控制你的财务，控制你的出行，这些都是"严重警告"。面对这种情况，及时离开是保护自己的自由和尊严的必要举措。

双方无法沟通

沟通是关系的桥梁。如果你们的沟通已经完全失败，冷暴力持续很长时间，双方都没有解决问题的意愿。这种情况下，两周没有联系，关系基本上自动结束。与其在沉默中煎熬，不如选择离开，寻找新的开始。

持续的不快乐

在一段感情中，如果你感受到持续的不快乐，而对方不愿意或完全不改变，这时候可以考虑分手。你的幸福和快乐至关重要，不要为了维持一段不健康的关系而牺牲自己的情感需求。

个人成长受阻

健康的关系应该是互相支持和共同成长的。如果因为对方的关系，你的个人成长和发展受到阻碍，失去了自我，你必须为了感情而大量牺牲自己，这时候也应该考虑分手。不要让一段关系成为你前进的绊脚石。

对方缺乏承诺

感情已经持续一段时间，也许你非常想结婚或继续往下走，但对方始终没有对关系的深层承诺，或者根本不愿意给承诺，这也是一个需要考虑分手的信号。

不停地分手和好

如果你们不停地分手和好,说明关系存在根本性问题。这样的关系只会让你们陷入恶性循环。与其在反复的分合中消耗,不如果断结束,寻找真正适合自己的那个人。

当关系中出现以上 9 种信号时,一定要认真、清醒、冷静地思考是否应当结束关系。如果一段关系对你产生的负面影响大于正面,赶紧做出改变。**真正的幸福,始于对自己内心的忠诚。**

最后的话：脱单的效率在于抓大放小

最后，我还有一些话想嘱咐大家。在整个脱单过程中，一定要学会抓大放小。理解什么是感情中的大事和小事，能帮助你更高效地找到合适的伴侣，避免浪费时间和精力在不重要的细节上。

小事是指那些做得好或坏都不会影响最终结果的事情。比如，谁发起邀约，谁先说一句话，这些都是小事。即便一句话说对说错，也不会影响整体的结果。很多姑娘会花大量精力去判断一个人对感情是否忠诚，或者分析他的性格人格。这些虽然有一定的价值，但在脱单过程中并不是最重要的事情。如果一个男生不合适，可以直接去找更合适的男生，而不是过多纠结于这个人的问题。脱单中的抓大放小，就是学会筛选，如果他不对，就换掉这个人。

正缘的相处应该是顺畅和自然的。如果一段关系需要你费尽心思才能维持，那他可能并不是正确的人。好的关系应该是顺顺利利、稳稳当当的。如果你把太多精力放在处理不正确的人和不顺利的小事上，会让脱单变得非常困难，因为

最后的话：脱单的效率在于抓大放小

你一直在做支线任务，而不是主线任务。

30+的姑娘要比任何其他人更明确脱单中的大事，这是效率的根本。大家需要知道，脱单的主线任务只有一个，就是找到那个对的人。怎么找呢？通过见面更多了解他，通过不同有效的约会，多层次、全方位了解他，掌握你们彼此的软实力需求。在一起后，用认定的心态解决你们之间的问题，让感情越来越好。这些才是脱单中的大事。

脱单就是一门实战课，我写给大家的这本书，其实是一个重塑思维的过程。希望大家读过这本书后能把知识应用到实际生活中。当你们遇到任何阻碍时，欢迎随时回来查阅学习。我在这里等你们，希望所有的姑娘都能高效脱单，找到属于自己的幸福，走上通往真爱的坦途。

附录：阿瑟·亚伦"让陌生人一见钟情的36个问题"

美国心理学家阿瑟·亚伦(Arthur Aron)等人的研究成果表明，通过彼此询问一些特别的个人化问题，两个陌生人之间的亲密关系或许可以快速升温。这36个问题分为3组，每组问题逐渐深入，旨在通过个人化的自我袒露，促进亲密关系的建立。其核心理论是：共同的脆弱能促进亲近感。研究表明，同伴之间发展亲密关系的关键模式在于持续、逐步升级，相互且个人化的自我袒露。

第一组问题

1. 如果可以在世界上所有人中任意选择，你想邀请谁共进晚餐？
2. 你想成名吗？想以什么方式成名？
3. 打电话之前你会先排练一下要说什么吗？为什么？
4. 对你来说，"完美"的一天是什么样的？

5. 你上次自己唱起歌来是在什么时候？给别人唱呢？

6. 如果你能活到 90 岁，同时可以一直保持 30 岁时的心智或身体，你会选择保持哪一种呢，心智还是身体？

7. 你是否曾经秘密地预感到自己会以怎样的方式死去？

8. 说出 3 件你和你的伴侣看上去相同的特征。

9. 人生中的什么东西最令你感激？

10. 如果你能改变被抚养成人过程中的一件事，会是哪一件？

11. 花 4 分钟时间，尽可能详细告诉伴侣你的人生经历。

12. 如果你明天一觉醒来就能拥有某种才能或能力，你希望那会是什么能力呢？

第二组问题

1. 如果有一个水晶球可以告诉你关于自己、人生、未来乃至任何事情的真相，你会想知道吗？

2. 有没有什么事是你一直梦想去做而没有去做的？为什么没有做？

3. 你人生中最大的成就是什么？

4. 在一段友谊之中你最珍视的是什么？

5. 你最宝贵的记忆是什么？

6. 你最糟糕的记忆是什么？

7. 假如你知道自己在一年内就会突然死去，你会改变现在的生活方式吗？为什么？

8. 友谊对你来说意味着什么？

9. 爱与情感在你生活中扮演着什么样的角色？

10. 和你的伴侣轮流说出心目中对方的一个好品质，每人说5条。

11. 你的家人之间关系是否亲密而温暖，你觉得自己的童年比其他人更快乐吗？

12. 你和母亲之间的关系是怎样的？

第三组问题

1. 每人用"我们"造3个句子，并含有实际情况，比如"我们在屋子里，感觉……"

2. 把这个句子补充完整："我希望和某人在一起，分享……"

3. 如果你想和对方成为亲近的朋友，请告诉对方有什么重要的事情是他或她需要知道的。

4. 告诉对方你喜欢他或她身上的什么东西，要非常诚实，说些你不会对泛泛之交说的东西。

5. 和对方分享生命中那些尴尬的时刻。

6. 你上次在别人面前哭是什么时候？自己哭呢？

7. 告诉对方，你已经喜欢上了他或她身上的什么品质。

8. 你觉得什么东西是严肃到不能开玩笑的，假如有的话。

9. 如果你今晚就将死去，而且没有机会同任何人联络，你会因为之前没有对别人说什么话而感到遗憾，你为什么到现在都没有对他们说这些话呢？

10. 假设你拥有的全部东西都在你的房子里，现在房子着火了，救出家人和宠物之后，你还有机会安全地冲进去最后一次，取出最后一件东西，你会拿什么，为什么？

11. 你的家人中，谁去世了会令你最难过，为什么？

12. 说出一个你个人遇到的问题，问对方如果遇到此事要如何解决。